自治の現場と課題

日本地方自治学会編

敬文堂

〈目次〉

Ⅰ　記念講演

Ⅱ　自治の現場と課題

I

記念講演

1　地方自治と私

辻　山　幸　宣
（公益財団法人地方自治総合研究所）

はじめに

おはようございます。

この話を受けてから、ずいぶん迷いがございました。

一つは、そもそも学会で講演するような理論的なことをやってきただろうかという問題です。したがって、どちらかというと私がどう生きたかというようなことが中心になって、その都度先輩の研究者達との出逢いとか、そんな話になっていくかな、それで良いだろうかということが一つ。もう一つは、体の調子でございまして、とにかく足腰が全然ダメで、ここ数年、狭心症を患っていまして、少し運動すると血管がいってしまう。これまでにカテーテル挿入という手術を五回もうけて、したがってあまり体を動かしていないということがあります。ここで一時間以上立ってやれるかなということが一つ。それからもう一つは、お聞きいただいておわかりだと思いますが、若い頃の不摂生のせいで、いま入れ歯で暮らしているのです。これが調子が悪いとうまく合わなくて、滑舌が悪い。大変お聞き苦しいところがあるかと思いますが、ここはご勘弁いただきたい。

さて、お断りしたように、私がどう生きたかということが中心になってしまうだろうと思っていますが、最初に、大学への道ということでお話をしたいと思います。というのも、ご存じの方もおられるかもしれませんが、私は大学に進学するという予定が全くありませんで、受験勉強をやっていなかったのです。といいますのは、小学生の頃から、日本舞踊の稽古に通っていまして、高校二年のときに、もう一〇年を超えたものですから、東京の家元の所に、名取り免許をとりに試験を受けにきたのです。家元というのは歌舞伎役者の尾上松緑さん、彼は藤間勘右衛門という藤間流の家元だったのですが、彼の試験を受けたとき、私の師匠に話したそうです。「男の舞踊家が少なくて困っている、なので高校を卒業したら内弟子によこさないか」と。

内弟子というのは、弟子ではあるのですが、一緒に暮らして四六時中学ぶという、栄誉ある話なのです。その話を聞きまして以来、私もその気になっておりましたので、受験勉強らしいものは何もしておりません。そんなときに、高校で政治経済を担当しておられる先生が突然親のところに来まして、「中央大学法学部の受験書類一式を取り寄せたから、これで息子さんを中央大学へやってくれ」というふうに親を説得したのです。理由は何かといいますと、彼は実は司法試験を四回も受けて、ついに結核か何かを患って療養していたのです。その後、高校の教員になって、要するに「私の夢を君が叶えてくれ」と言うわけです。ちょっと無理ですよね、これ。高校三年のときですからね、それを言われたのは。

結局、受けたのはしたがって、中央大学法学部の法律学科と政治学科の試験だけでした。見事に法律学科は落ちました。後日発表を見に行ったら政治学科に受かっていて、それで中央大学に進んだということです。もちろん、私のなかでも舞踊家になるということとの葛藤はありました。しかしまあ、その先生の無念さを思うと、そして親も、「カネはなんとか都合するから行っていいぞ」と言ったものですから行くことにしたということです。

そして大学ではご承知のようにあの六〇年代後半ですから、大学闘争の真っ最中で、私が入学した一年のときから中央大学は四年間卒業するまで毎年ストライキをうっていました。全学封鎖というのをやっていまして、授業も前期くらいしかやっていなかったような気がいたしますが、ほとんど一年を通した授業らしきものを経験しないで過ごしていたのです。ゼミは政治学の横山桂次先生のゼミで、様々に世論調査とかそういったこともやりました。

そうこうしているうちに親から、「おい就職はどうなるんだ」と問い合わせがありまして、思わず口をついた嘘が、「いや大学院へ進もうと思っているから」と言ってしまったのです。そのせいで、ついに大学院を受験しないでごまかすわけにはいかなくなって、受けてしまいました。これは一発で通ったのです。

大学院を通ったからといって、当時ご承知のように大学闘争は大学解体路線というのをやっていて、言ってみれば、そういう仲間のなかから大学院へ進むというのは一種の裏切り行為だと思われていた節がありまして、私などのようにノンセクトで、実は「革日同」と一般に言われていたのです。「革命的日和見主義者同盟」という、その部類であって、何とか批判は免れたのですが、きっちりセクトに所属していた院生は、ずいぶんつるし上げにあったようです。

一　地方自治総合研究所（自治総研）との出会い

1　福岡県知事選挙調査への参加

しかし大学院でもマシな授業は受けて……受けていなかったのではなくて、講義に出なかったのです。そうこうしているうちに指導教授の横山先生が、福岡県知事選挙の世論調査をやるから行ってくれないかということで、博多へとびまして、約一ヶ月そこに滞在して福岡県全県のサンプリング調査を実施しました。そのときに調査票を持って聞き取りに歩いたのが、自治労という組織の構成員達だったのです。いまにして思えば、そのときのこともあって、今でも自治労とのつながりはあるのですが、実は自治労本部の書記の方が一人その調査本部に派遣されてきて、一緒に仕事をしたのです。そんなこともあって、ある日、留学先のロンドンから横山教授の電報が来たのです。「自治労の田中君に会いなさい」、というだけの電報でした。それを見て、調べて、会いに行ったのです。福岡調査の時の彼でした。田中義孝さん（後に島根大学教授）。

そこで言われたのが、「地方自治の研究所をつくりたいので、それを手伝ってくれないか」ということでございまして、何もすることがなかった私ですから、お手伝いするということで自治総研の設立への参加をしたということが発生しました。約一年弱くらい事務局でやりましたでしょうか。

2　自治総研設立への参加

仕事は、様々な規定というか決まり事をつくる。そして、原案を出してくれと言われて、例えば研究員募集規定であれば、「学歴は大学院修士課程以上又はそれと同等の学力を有する者」とか、よくあるそれを書いたのです。そうしたら、事務局長であった田中さんが、「うん、なかなかよく出来ている。ところで君はどうする気だい」。どうするって？「だってこれは『修士以上』となっているだろう、君は修士とれるのか」と。いや、そんな気は全く無かったのです。既にその当時はマスターの三年目に入っているくらいではなかったかと思いますが、田中さんは「せっかくここまでやってきたのだから、研究員になって働け」と言われました。「実は入学金を払って以来授業料を一度も払っていないんだけど」、と言ったら、自治労の会館の一階にある労働金庫からお金を借りてくれて、「これで払え」と。「研究所に入ったら月々返していけ」と言ってお金を都合してくれました。

お金は都合してくれたのですが、単位はほとんどとっていなかったので、それからは先生方のお宅を巡るということをやりまして、論文でお願いしますと言って、論文審査を受けて単位を認めてもらった。そんなやり方だったんですね――汚い人生だなと思いますが。

単位をとったのと同時に、修士論文を書かなければなりません。それで細々とはやっていたのですが、間に合わないぞということで、なんと、あれは事務局長の田中さんのポケットマネーだったのかもしれません。箱根の石葉亭という、三井様の別邸といわれたすばらしい旅館があるのですが、そこを一週間借り切ってくれて、そこで仕上げてこいと。宅急便で資料を送って、そこで丸一週間こもりきりで書きました。

おかげでなんとか修士号が取れたのですが、いまやこの修士論文は手元に残っていないので、どんなことを書いたか全然分かっていないのです。いまと違って原稿用紙に書いたスタイルですから、ファイルが残っていないということもありまして、ただ、中身は、池田宏さんの都市経営論関係のことだったと思っています。

二　研究者等との出会い

1　自治総研の体制遍歴

（一）非常勤研究員体制

さて、そんなふうにして研究所の初代の常任研究員として採用された私だったわけですけれども、そのときに最初に印象に残ったのは、多くのご高名な先生達との出逢いでした。

最初の二〇年間は、非常勤研究員体制というのでしょうかね、非常勤の研究員の方達が、研究の指導と運営とを担当するということで、後に法政大学の総長におなりになった阿利莫二先生、加藤芳太郎先生、佐藤竺先生、そして関西の加藤一明先生、この方達が非常勤研究員として初代の委員を務められたのです。その後、高木鉦作先生や佐藤英善先生、今村都南雄先生もなられております。衝撃的な出会いでした。

（二）諮問委員会

それと一方で、諮問委員会という、運営などをおはかりする委員会ができておりまして、この会長に都留重人先生がついておられて、大変いろいろなことで勉強になりました。もちろん、畑和さん、飛鳥田一雄さん、船橋求巳さんなど、地方の政治家でも大変高名な方が入っておられまして、その後の私の活動にもいろいろと便宜を計らっていただきました。

（三）財団法人化（所長体制）

そして二〇年経って、一九九四年に財団法人として独立することになったわけですが、それから非常勤研究員ではなくて所長体制を採ることになりました。初代の所長が佐藤竺先生。二代目が今村都南雄先生。そして私が三代目の所長をやるということになったわけです。さらに二〇一〇年からは公益財団法人となり今日に至っています。

（四）研究懇談会（サロン）

この研究所が設立された直後からはじめていた大変印象に残る研究会がございまして、それは一応「研究懇談会」という名称ですが、私達は単に「サロン」と言っていたのです。一人ひとりご紹介は難しいですが、相当高名な方達ばかりで、このなかの五、六人を一度にお呼びして、そのときに話題を提供してくださる方をお呼びして、自由に討論する。近くの共済ホテルから食事をとりまして、軽くアルコールも入れまして、やっておりました。それは本当に、顔ぶれを見ただけでもちょっと今でも震え上がるようなメンバーばかりで、まだ二〇代後半だった私は、ただただ驚いて見ているだけでしたが、このような非常に多くの研究者の方との接点、それからあとは、総研では常に最低五、六個、いまは十数個の研究会を組織しておりますが、その研究員に参加してくださる先生達、これを入れるとやはり百数十人にのぼる研究者が出入りしていることになって、この刺激は大変なものでございました。

このような、いわば研究者との出逢いというのは私にとっての大変な財産になっているなという気がしております。

三　研究テーマとの出会い

1　「全国首長名簿」七四～現在

研究テーマとの出会いということを少し述べたいと思います。

最初にとりかかったのは、「全国首長名簿」という、市町村長、知事達の選挙結果をまとめるというもので、一覧表にする。特徴は何かといいますと、その選挙に出た知事・市町村長またはその対抗馬は一体どの政党の公認だったのか、推薦・支持を得ていたのかということを調べることでした。

どうもその当時この事業を考えついた先生方の問題意識は、「革新首長」というものがどれくらいの勢いで拡がっているかということを押さえるためであったのでしょう。そういう意味では、社会党、共産党の推薦なのか何なのかということを全部調べてやりました。ただ、これは意外と難しかったのは、新聞情報で推薦支持状況を確認するという方法はとらず、直接党本部に問い合わせて、この選挙はおたくが推薦していますかということを全部確認したのです。これが今日まで四〇年ちょっと経ちましたが、まだ続いています。おかげさまで政党本部との関係は密になってきたという気がしますが、ただし、おわかりのように、いま政党の数、政党名の変化は大変なものがございまして、これは一体どうやって把握しようか、分析しようかということで悩んでいる状況です。

これが七四年の研究所設立以来今日まで続いている。

2　自治法コンメンタール：七四〜現在

それからさらに大きな事業は、「地方自治法コンメンタール」と名付けたものでございまして、これは逐条研究です。しかも逐条で解釈を学ぶのではなくて、明治以来の条文の変遷を追おうということではじめたものでございます。

まあ、これは本当に手に余るというか、最初の作業は、お金をたっぷり持って神保町へ行って古書を買いあさることでした。明治市制町村制の解説、府県制の解説といったものを片っ端から買い集めまして、その資料として使った。一時期は、笑い話ですが、「総研が神保町の値を上げた」というふうに言われるくらいに大量の資料を集めました。

これを各条文ごとの変遷とともに、ときどきの解釈、解説、経緯というものを調べて、逐条ごとに先生方に報告するという事務局の仕事がございまして、本当に毎日とりかかったということでございます。さらに、特に戦後につきましては、改正のときに、それを担当した事務官などにヒアリングをしまして、記録をとりました。相当数にのぼっております。

結局、これは二〇〇五年くらいに最初の全五巻が出たのですけれども、全五巻で四四八二頁という大変大量なものでございました。私は、そのうちの第三巻を今村都南雄先生と共編で参加して、一冊やりました。これも一一九六頁という大変大部なものになってしまいましたが、このようにして、地方自治法コンメンタール、三〇年以上かかって、ようやくその成果があらわれた感じがしています。ちなみにこの作業をやっている途中で西尾勝先生が「君のとこの研究所はこんなことをやっている暇はあるのか、こういうことは大学の研究者に任せろ」と大変厳しく言われたことがありましたが、そのとき私達は、それを言われて話し合ったのは、「だって、大学やってないじゃん」ということで、やらざるを得なかったというわけでございます。

全五巻が出た後に、別巻ということで、それ以降の、つまり分権改革以降の改正を扱いました、上下二巻で。これはいまも続けております。

3　川崎市事務調査：七四〜七八年

さて三番目の研究事業は、川崎市の事務調査のことでございます。これは七四年から七八年まででした。

当時、革新市長だった伊藤三郎さんが協力してくれまして、川崎市の全部局に指令を出して、自分の課で扱っている事務を一覧にして差し出せという、そういう様式をつくりまして、全事務を書いてもらった。それを法令の根拠等を調べて分類するという作業に取りかかったということです。これは本当に毎日——というと他の作業も毎日でしたが、やっておりまして、川崎市の職員も三名ほど協力研究員としてやってくれて、分類が一定程度終わったら川崎市へ出かけていって、一階の大ホールを借りて、順番に各課、係の長を呼び出して、そこでヒアリングをする。これはどういうことなんだ、どういうやり方をしているのかと。そういうことをやって、片っ端から埋めていったということです。

そのときに使った分類上の仮説ですが、第一仮説は、よく使われている通説の四分類。機関委任事務、団体委任事務、固有事務、行政事務。これに分けられるだろうと作業をしたところ、やはり必ずしも分類しつくせない。とりわけ行政事務と他の事務との重複といったことをうまくできないということで、総研の独自の仮説として、第二仮説——事務の発生原因と管掌主体による五区分ということをやって、これに基づいて法令を調べ、事務の手順を調べ、分類してみたのですが、残念ながら、担当課のヒアリングを含めてもなかなかうまくできませんでした。第一の事務は何件、第二の事務は何件——その結論にまで達することはできませんでした。

このときの作業の仮説を加藤芳太郎先生と私が共著で『自治研究』に書いたのが「自治体事務の分類方法に関する試論—川崎市事務事業の事例を通じて」ということで七八年にまとめたということでございまして、このときにどうしても件数が分からなかった。どうしてかというと要するに事務の単位を確定することの難しさがあって、それでなかなかうまく件数やパーセンテージをはじき出すことができなかったということだと思います。

この問題はずっと引っかかっているのですが、例えば、地方分権推進委員会の第一次勧告を見ますと、こう書いてあったのです。「（機関委任事務は）地方自治法別表に法律単位で列挙されている項目数で五六一（うち都道府県三七九、市町村一八二）にも及び、これは都道府県の事務の七～八割、市町村の事務の三～四割を占めているとも言われている」。

もちろんこれは法律数ですから、これほど機関委任事務が多いのだよということを傍証しているけれども、事務そのものの重さとして測っているというわけではないというので、都道府県・市町村にどれほど機関委任事務の負荷がかかっているのかを考えるための数量的な検討はできていないということになります。

4　機関委任事務との出会い

ただし私自身はこのときに機関委任事務との出会いということを感じまして、「機関委任事務論」という、機関委任事務の総括的な著書を一冊書こうということを心に決めて、書き始めていたのです。このときに出版社である公人社の大出さんが協力してくれまして、なんと毎週週末に原稿を取りに来てくれたのです。「今週はどれくらい書いたか」と。

そうですね、そうやって八割くらいまでいったところだったでしょうか。ある事件が起きて、それが途絶えた、断念したということがありました。それは後で述べます。

四　政府改革との出会い

1　第二次臨時行政調査会：八一〜八三

さて、その事件が起きるきっかけともなった政府改革との出会いということに触れたいと思います。七四年に研究所へ入って、八一年には第二次臨時行政調査会が発足して、自治労の委員長であった丸山さんが臨調の委員に就任いたしました。そういうことから一種の臨調対策ということで研究所も動員されまして、様々に臨調への提言をやったり――もちろん、総研としてではなくて、丸山委員の提言というかたちでまとめたり、そういったことに関わっておりました。

2　臨時行政改革推進審議会：八三〜

この政府改革はずっと続くのです。第二臨調が終わった後は第一次行革審から第三次行革審まで三次に渡ってつづく。そして皆さん、説明には及ばないでしょうが、この第二臨調というのは、増税なしに行政改革で財政再建をする、つまり政府を立て直すのに増税という手法は採らないということで、様々な改革案を練ったわけでございます。それは第一次行革審にも引き継がれていくわけですが、『行政研究年報二八』に書いた「八〇年代の政府間関係―〝統制のとれた分権〟体制の構築」に第一次行革審の特徴として私は次のように述べました。「行政水準を維持しながら負担の軽減を図るために地方財源への依存を余儀なくされた。だが、大幅な政府間負担関係の変更には名分が必要であった。いわれなき負担転嫁との反発を回避するためにとられたのが、「分権」という地方政府の従来からの要望に応えることであった。いわば「分権」は歳出削減を正当化する口実として持ち出されたのである。だが、中央政府にとってそこでの分権は地方政府の自由裁量を意味するものであってはならなかった」。こうして「統制のとれた分権体制」として「団体事務化」が実施された。

そしてその直後の第二次行革審の検討最中に、突然「増税なき財政再建」というテーマが終焉を迎えることになります。どうしてか。狂乱物価といわれるような大変な景気回復があって、税収がうんと入ってきた。したがって財政再建というテーマそのものが吹っ飛んでしまった。

そうすると第二臨調以来、「増税なき財政再建」という目標でやってきた、この目標そのものが失われて、どうするんだろうと思っていたら、何故か地方分権ということが出てくるわけです。この地方分権がこの時期にどうして表舞台に出てくることになったのかということについては、様々な見解がありますが、明確な見解はありません。

五　地方分権改革

1　地方分権と機関委任事務廃止論

このころ書いた論文に「混声合唱地方分権」というタイトルで書いたものがあります。それはどういうことかというと、「地方分権」という言葉に表立って異を唱える人はいない。皆が地方分権ということをうたっているのだけれど、その歌の内容、心意気はまちまちなのだ。まさに混声合唱になっていて、しかも一つの旋律になっていないということを述べたものです。ある意味では私自身もこの混声合唱に加わっていたのだなと反省しつつ、認めざるを得ない。

こうして地方分権推進法が成立し、地方分権推進委員会が発足することになります。そこで、この地方分権推進委員会の動きについて、若干の気になることを掲げておきました。

一九九六年三月二九日に出された中間報告というものがありまして、これは分権推進委員会として表に出すはじめての文書でした。どんなことが書いてあるか、ちょっと長くなりますけれども、味わって欲しいのですが「中央集権型行政システムにはそれなりの弊害も伴う。すなわち、国民国家の統一のために地域社会の自治を制約し、国民経済の発展のために地域経済の存立基盤を掘り崩す。権限・財源・人間、そして情報を中央に過度に集中させ、地方の資源を収奪し、その活力を奪う。全国画一の統一性と公平性を重視するあまりに、地域的な諸条件の多様性を軽視し、地域ごとの個性ある生活文化を衰微させる。それは、脳神経ばかりが異常に肥大しその他の諸器官の退化した生物にも比せられる。

このように、中央集権型行政システムには功罪両面があるのであるが、わが国の政治・行政を取り巻く国際・国内の環境はここのところ急速に大きく変貌してきている。そしてその結果として、今日では中央集権型行政システムが新たな時代の状況と課題に適合しないものとなって、その弊害面を目立たせることになったのではないか。言い換えれば、旧来のシステムは一種の制度疲労に陥り、新たな状況と課題に的確に対応する能力を失っているのではないかと考える。」

これが政府の分権推進委員会の中間報告の中に出てくる。私が何故これにこだわっているかというと、大変冷静な判断で機関委任事務の功罪について述べ、そしてもはや集権型行政システムは限界に来ているぞということをわかりやすく書いている。私は名文だと思うのですが、問題は、この原案を書いたのは誰かということなのです。委員の方の手になるものか、官僚が書いたものか、大変気になっている。今日までもちろん分かりませんけれども。

このように、この一文は、いわばそれまでの行政を転換し地方分権が必要だということの切り札といえるような文章だったのではないかと思っているわけです。こうして中間報告が機関委任事務を止めよということを述べるわけです。

ただ、そこで問題になるのは、機関委任事務を廃止するということにはどんな意味があるのか。今、引用したのは三月二九日に出たものですが、これに先立つ三月一五日、自民党政務調査会が自治省と総務庁を呼びつけてこんなことを言ったわけです。「機関委任事務の廃止について『学者や委員に勝手なことを言わせているが、党の部会は反対だ』」（読売新聞三・一六）ということを言って、機関委任事務の廃止を抑制にかかったということなのです。こうして抵抗はあったものの、ついに分権推進委員会はこれを押し切って、機関委任事務の廃止、しかも全廃という結論を導き出すのです。

言うまでもなく私はよく決断したと思っておりまして、それ故、最初の方で申し上げた、「機関委任事務論」という本を書こうと思っていた意欲が吹っ飛んでしまいました。機関委任事務はなくなるんだと思ってしまって、それで出版社の大出君と話をして、「これはいったん止めよう、分権改革でなくなる事務なんだから、これについてぐだぐだ言ったところでしょうがない。私自身の結論も廃止論なのだよ」ということを言って、この刊行を中止しました。浅はかな判断だったとは思っているのですが、そのときの原稿用紙を週末毎に集めに来て、それをファイルにしてくれたものは残っているのですが、そのままに放置されているということです。

しかしそれにしても、この間私が気になっていたのは、戦前からずっと続いてきたこの機関委任事務体制が戦後改革のなかでどうして残ったのかということが分からなかったのです。私は実はＧＨＱは民主化と分権化を強く掲げていたので、内務省がこれに逆らって機関委任事務を押し込んだというふうに考えていたのですが、放送大学の天川教授が連続講座というのをひらいてくれまして、まさに自治制度の歴史のようなことを本にまとめるから、この前段で講座をひらくということで、通ったのです。

そのときにいただいたヒントなのですが、「民政局地方政府課は、地方政府に対する関与を原則として司法及び立法に限定するというのに対して、民政統治権課・法規課、民間情報局などは、集権的な余地を残さざるを得ないとして」、いわばＧＨＱ内部で集権派と分権派で対立していたのだ。この集権派の支持を受けて、機関委任事務というものが戦後の体制のもとで残ったことが分かったわけです。このことは、神奈川県の自治体法務研究会で報告しまして、『自治実務セミナー』がそれをまとめてくれたものがございますが、このようにして、少しずつ分からなかったことが見えてくる、それに喜びを感じていたわけです。

2　地方分権改革に伴う地方制度の改革について提言

それから、地方分権に伴う地方制度の改革について提言を行った。これは地方自治基本法という法の構想を練った研究でした。篠原一先生を代表として二年くらいかけて練った。ただし、基本法は出来ていません。その関連といいましょうか、自治基本条例というものが全国で制定されるようになったということはあります。したがって私自身も自治基本条例の制定の委員会にずいぶんと携わりました。川崎市ほか二〇数自治体で関わったのだと思いますが、これが日本会議の怒りに触れまして、単著の中で四回も名指しで批判されました。

そういう抵抗もあって、少し自治基本条例の制定のスピードも落ちてきているなという気がします。というのも、各地で委員会に日本会議の介入が始まっているからだと言われていて、なかなか一筋縄ではいかない。

六　大学への移籍、そして九年で復帰

さて、そうこうしているうちに二〇年が過ぎまして、若い研究員をとりたいからもうお前ら出ていけと先生達に言われましてね。とはいうものの、出ていけといっても、当時のことですから、ちゃんと就職先は見つけてくるからということでやってくれたおかげで、私は中央大学へ出ました。当初から一緒にやっていた澤井勝さんも同時に辞めて、北九州市立大学、そのあと奈良女子大と行ったわけです。

中央大学へ移籍して、講義は「地方政府論」というのを担当しました。聞くところによると、このとき「地方政府論」という講義をやっているのは日本でただ一つだよと言われて、相当緊張してやったつもりはありますが、それでも授業は授業ですからね、あまり多くのエピソードはありません。

それよりも、この年あたりから、国会の審議に呼ばれるようになりまして。呼ばれるといっても政党推薦なので、民主党とか社会党の推薦だったのでしょう。参議院地方分権一括法の公述人をやったり、憲法調査会統治機構小委員会の参考人をやったりというようなことで、国会との関わりをもつようになりました。都合、五回国会に呼ばれました。

ただ率直に言って、公聴会というようなものは、聞き置くというくらいのものでして、各党の質問者はたつのですが、時間も短いですしね。なかなか意味のある参加は出来ていなかったような気がしてなりません。

そうこうしているうちに、沖縄問題への関わりというものが発生いたしました。というのは、自治労と自治総研が共同で沖縄の問題に提言をしていこうということで、研究会を開催したのです。二年間やりました。毎月でしたから二四回、そのうち一二回は沖縄で、一二回は東京でということで、一年間に

六回沖縄に通うことになりまして、このときに吉元副知事等と知り合うことができました。

研究会の報告書のタイトルは「琉球諸島特別自治制の構想―沖縄の自立と日本社会の改革」というものので、外交・経済・軍用地の転用、雇用の促進等について、それぞれの研究者からご意見をうかがい、そして研究成果をまとめたものです。私はそのときに「沖縄自立の制度・機構」というテーマを担当しまして、沖縄にどのような自治制度を敷くかということをやりました。琉球諸島特別自治制案は、逐条でつくった記憶がございます。

こんな風に、大学でのエピソードはあまりなくて、どちらかというと学生達に言わせれば、顔を見たら酒を飲んでると言われるくらい授業後は毎回飲んでおりました。

やがて、自治総研への復帰ということがテーマになります。二〇〇二年か一年のころでしたか、自治総研の事務局長に呼ばれまして、突然、大学を辞めて総研に復帰しないかということを言われてしまうのです。理由はこういうことです。「君らが総研を出てから、総研は次々に研究員を大学へ送り出している、出て行かれている。年間億にものぼるような研究費を貢いでくれている組織としては、そんなことで良いのか、誰かがしっかりと腰を落ち着けて研究所を守ってくれないとやっていけない」、というようなことを言われまして、迷いましたが、戻ったということでしてね。それからはまた元のように研究生活が待っているだけでした。

七　浅はかな判断の結末

そんななかで、先ほど申しました、「機関委任事務論」執筆をやめた決断の浅はかさについて若干述べたいと思います。

1　機関委任事務全廃論の結末

一つは、機関委任事務全廃論の結末ということでございます。

ご承知の通り、一九九六年には沖縄基地使用代理署名訴訟（職務執行命令裁判）というのがありまして、その判決が出たのは一九九六年、沖縄県知事が敗訴しました。まさに大田知事の時代のことですが。これに、どうするんだろうと思っていたら、大田さんは自ら負けたのだから署名しようということで、この代理署名をやってしまったのです。

そのあと私は、総研コラムに書きました。「私は、最高裁判決を受けて代理署名・公告縦覧に応ずることとしたのは、結局〝総理が自ら代理署名できるから〟ということを理由に決断したのだと理解していたのだが、大田氏は次のようにその理由を明かしている。『当時、私と吉元副知事が最も恐れていたのは、駐留軍特措法が改悪されることだった。そのため吉元副知事は梶山官房長官に、私は橋本首相にその懸念を伝えて法改正は避けていただきたいと強く要請した』と、後に彼は二〇〇〇年の朝日新聞社発行の本に書いているわけです。」

次の文章で「だが、心配したとおりのことが起こった。時を置かず一年後の一九九八年九月には地方分権推進委員会第三次勧告が出され、駐留軍用地特措法の改正を勧告したのである。」ということが述べられています。その通り特措法は改正になります。改正になってどうしたかというと、市町村長、知事の代理署名はやらなくて良い、本人が拒否した場合には国が代理署名するという、そういうやつで、要するに機関委任事務といわれていたこの代理署名の事務を国に引き上げてしまうということをやったわけです。

どうしてそんなことがやれたのだろうか。当時話題になっていたように、市町村長が土地所有者が署名を拒否した場合に代わって署名するということ、そして市町村長は「そんなむごいことできるか」というのでこれをやめた。そうするとこれは知事が代わってやるということになって知事の署名問題が発生し、職務執行命令訴訟が起こされたということになるわけです。地元の意見が国との間にはっきりと示されている、その事務を、辞めてしまうのか、分かりませんでした私には。つまり、分権委員会の第三次勧告は、はっきり申し上げて、それは先に述べた機関委任事務全廃という、この方針に沿ったものだ。そしてその間の様々な叙述を調べていくと、こんなことが書かれていました。

「これまで国が地方に嫌な役をおしつけていた」「地方からすれば苦渋の選択を迫られているもの」なのだ、そういう事務だったのだ。だからこそ「そこから解放するためにこの機関委任事務は直接執行、国が自分でやるということにしたのだ」と述べているのが見つかりました。もちろん、活字になっているわけではありませんが、ある委員の述懐です。そしてこの駐留軍用地特別措置法が改正された。

これはだから、沖縄にとってみれば、本人が拒否している、その拒否しているものを市町村長が代わりに署名するか、しないか。そして都道府県知事が、というかたちで、地元での意思が表明されて、国との間でそれをなんとか調整するような意味があったのだろう。

ただ私は、実はこの代理署名問題が起きたときに、東京に弁護団が出来まして、その会議には参加したのですが、一応そのときは何番目かに証言に立つことになっていました。そのとき私が証言しようと思っていたのは、「この市町村長が代理するという事務は、機関委任事務ではない」ということを言おうとしたのです。まさにそれは集落の長とか、そういった身近な人達が代わりに署名しようかというぐらいの話であって、国の機関としての市町村長が代理署名をするという法理はいかにも胡散臭い。これは機関委任事務に該当しないということを述べようと思っていたところでした。裁判では、大田知事以外一人も証人を認めなかったのでチャンスはありませんでした。

同様の検討をしていたことがありました。それは逗子市の池子弾薬庫の後に住宅をつくるという問題がありましたよね。あのときに、「河川管理の法構造―逗子市池子川の河川協議にふれて」という一文を自治総研の雑誌に書いたことがあります。これも同様に、いわゆる普通河川の管理をしている市町村長が、国の工事について協議に応ずるというのは機関委任事務か、ということが気になって仕方が無かったのです。まさにそれはその地域の河川を管理する市町村長の権限であって、国の権限を委任するものとは違うと考えていたからです。

防衛施設局長はこう言っています。「河川協議は法に基づく国の機関委任事務である」。様々な解説書でだいたい同じ事を言っているのですが、ところが八四年の最高裁判決では「これらの施設の利用、管理が地域住民の生活と密接な関係を有することにかんがみ、当該地域住民に最も近い関係にある地方公共団体の事務とすることが適当であるとの配慮にでたもの」だと言っていて、明らかに違っているという気がします。

このようなことを通じて、私は、いま地方分権改革で機関委任事務は廃止された、しかも全廃したのだということを問題にしたい。国の著名な官僚が書いた地方自治法の解説書でも、法定受託事務というものは国の事務ではないとはっきり言っているのです。まさに自治体が処理する事務としての現住所主義だ。本籍は国だということは間違いですということをはっきり言っていて、その辺のことがいったいどういうふうに理解され、どのように浸透しているかということが気になります。果たして機関委任事務は廃止されたのかということです。

八　機関委任事務は廃止されたのか（沖縄辺野古基地訴訟）

そのときに、どうしても触れておかなければならないのは、沖縄辺野古基地をめぐる国との間の訴訟です。最初は前知事が行った埋立承認を取り消すということを翁長知事がやったわけです。これに対して国が、とんでもないと怒った。そのときの埋立承認の取消を取り消せという訴訟が国から提起されて、国側の訴状を読んで、やはり驚きました。

「そもそも法定受託事務として公有水面埋立法に基づいて一定範囲の権限を与えられたにすぎない県知事が、我が国における米軍施設及び区域の配置場所などといった、我が国の国防や外交に関する、国の存立や安全保障に影響を及ぼし国の将来を決するような国政にとって極めて重大な決定について、その適否を審査したり、判断する権限はないことはあきらかである」といって、この取消という処分をやめさせろということを裁判所に訴えました。裁判所もこの考え方を承認しまして、沖縄県側は敗訴することになるわけです。

私はこのことを通じて、この制度の理解がまるきりかつての機関委任事務時代と同じではないかと思って、先ほども読みましたけれども、「そもそも法定受託事務として委任されているに過ぎない」というようなニュアンスの、そういうとらえ方。「委任しているのはこちらなんだ、だからこちらの言い分をちゃんと守れ、逆らうようなことは許さない」と。これはどうなんでしょうか。私はある新聞に、辺野古の問題は沖縄問題ではないと書きました。このことは、私達がこの学会が名乗っている、地方自治学会という名称とも関わりがあるのですが、沖縄の自治を守れ——私はそうではないと思っているのです。これは沖縄県の自己決定問題なのか、そうではなくて、国がいま仕掛けているのは、法定受託事務を執行するときの執行スタイルについて、かなり強めの規制を加えてきている。いわゆる法定受託事務の執行について、国の方針に違うようなことをやったら許さんぞ、ということが述べられていて、これはまさしく日本中で処理されている様々な法定受託事務の処理について、同じ事が危惧されるということになります。

ですから私はこれまで書いたもののなかでは、全国知事会といったところが、まず火の手を上げて、こんな論理が許されて良いのかということを述べるべきだと何遍も言っているのですが、さっぱり動きが見られません。まして本土の全国各地の自治体の議会が意見書をあげているのを一つひとつつぶさに調べましたが、三〇余りしかないのです。ですからこれは沖縄問題ではなくて全国の地方自治問題なのだということを何とか一般に広めていきたいと考えているわけです。

それと同時に、本土の自治体の問題でいえば、例えば沖縄の反対運動をしている住民達を相当厳しく取り締まっている警察官がたくさんいますね。これは全国から派遣されたものですが、東京都から一〇〇人以上行っていますが、この警察官の人件費はなんと都道府県民が税金で払っているのです。これで良いのか、ということを含めて、私たちは沖縄を弾圧していることに手を貸していることを理解しておく必要がありそうな気がしています。そういう意味では、私たちは沖縄を追いつめている。我々本土の人間、本土の自治体が追いつめていることをしみじみと考える必要がある。と同時に大きく拡げて、あの地方分権改革とは一体何だったのか、いまもう一度見直してみる必要があると思っているわけです。

おわりに

この沖縄の問題は、翁長知事が逝去して以降、埋立承認の撤回という処分に出ました。そして知事選挙を経て一〇月一七日に国が撤回の効果を停止させるという請求に打って出ました。これについては白藤さん達が意見書をきっちり出して、行政不服審査法をそんなふうに使ってはならない、脱法だと言っているわけですが、さっぱり耳を貸さない気がします。ついに一〇月三〇日、国交大臣は撤回の効果を停止するという処分をしまして、工事が再開されているわけですね。

私たちは、沖縄とどのような向き合い方をしたら良いのかということを考えたりしながら、しかし同時に、話は全く違いますが話題になっている「自治体戦略二〇四〇構想」が多くの人びとの関心を支配しています。この経過を見ていますと、単純にいま取りざたされているのは、圏域というものを法制化して、そこに財政を付け事務処理をさせるということになりますと、言ってみれば市町村が吹っ飛んでしまうということで、大変危惧しています。この間の文書をずっと見ていますと「行政」という言葉は出てきますが、「自治」という言葉が一箇所も出てこないのです。つまり地方がこれから直面するであろう様々な危機を乗り切っていくのは、自治ではないのだ、行政なのだよということを言っていて、その行政の体制をつくっていくということに向かっているわけです。第三二次地方制度調査会がどのような答申にするかということにも関わりがありますが、これは是非注目していかなければならないと思います。

まだ時間は少々残っていますが、これで終わりにしたいと思います。どうもご静聴ありがとうございました。

質疑応答

白藤　どうもありがとうございました。先生ちょっとそっちに座っていただいて。

それでは辻山先生が舞踊家になっていたら自治総研も無かったという、感動的なお話でしたが、それだけではありませんが、その後地方分権改革に果たした役割、それから現在争われている沖縄の問題が、決して沖縄の自治だけではなくて日本の地方自治の問題だということで、この四〇、五〇年の活動について総括いただきました。

どのような問題でも結構です。是非ともこの際お聞きしたいことをお聞きいただきたいと思います。よろしくお願いします。

嶋田　貴重なお話をありがとうございました。九州大学の嶋田です。

お伺いしたいのは、「機関委任事務論」を今一度これから出されるというお気持ちはないのかどうか。もし出されるとすれば、事務論として何か論じたい部分とかございましたらご教示いただきたいと思います。

辻山　「機関委任事務論」を出すとすれば、どんなことを書くか。

実は私は、集権行政の積極性というものを少し冷静に評価した方が良いのではないかと思っていまして、例えば機関委任事務は国の事務を国の方針に則って委任している。その意味は何かというと、要するに全国的・統一的な事務、公平性を重視する事務を全国展開するために、知事・市町村長を使っているという理解だったのですが、ある一面では、それは国がつくった画一の制度を現地アレンジメント、現地に適応させて執行していくという側面もあるのではないかと思っているのです。そうでないと、まさに一律の強権的な行政になってしまう。アレンジメント機能を評価しつつ、どうやってそれを保護していくかということを考えるべきだということで、その他にもメリットをいくつか挙げてみたいと思っています。

例えば情報収集のシステムが、委任事務に伴って、全国の情報を確実に、多いものは毎月というかたちで集めていく。それによって例えば伝染病の発生とか様々なものが防がれてきたということもいわれているわけです。それが二点目。

あとは何ですかね。冷静に、集権型のシステムにも功の部分はあるかもしれないというふうに見直していこうということです。

田口　「元自治総研」と言って良いか分かりませんが、田口です。

いまのお話をもうちょっとうかがってみたいと思うのですが、多分、お立場が違うと認識されているかもしれませんが、成田頼明先生が警察行政について、全国画一でやっているように見えるけれども、実はいまおっしゃったように地域によってずいぶん違うことが運用されているでしょう、とおっしゃったことを覚えています。

一つには、機関委任事務は、くずかごみたいなもの、強制されなければやりたくないような仕事。法定受託事務に整理したときも、何かやれと言われなければわざわざやらないよね、でも何かあったときはそれが出てくるのかなというくらいの整理だったように思います。ただ研究上と実務上は認識がずいぶん違っていたということは分かっています。

そこで、これから機関委任事務を法定受託事務論と全く別のものだと言っていただくときに、法定受託事務には関与の濃淡があった、それが分類の基礎だという説明をいまだったらどのように言うべきでしょうか。関与の濃い薄いは明治時代から言われてきたことでもあるので、この関与の濃淡を、これから出る「機関委任事務論」でどのように評価されるのか、そのあたりをうかがえればと思います。

辻山　難しいね。あなたは今実態のことに触れましたが、国の関与というのは実際にどのように行われているのか。今回の沖縄における裁判等を除けば、実は関与に伴うもめ事は殆ど起きていない。それは自治体の側が関与を、すすんでではないが、受け止めてしまうということにあるのかもしれませんが、関与が弊害をもたらしているような出来事があまりにも少なすぎて、それよりもむしろ今やられている分権の方法での提案制度のように、提案をあげたのだけれども、それは改革しなくてもできますよというのが何十パーセントにものぼってきている。それはどういうことかというと、自治体が自分で考えてやれば良いのだということを国に言われてしまっているわけです。

そういう意味では、あの提案制度でどこまで分権につながるのか考えると、怪しいと思っていて、そこにもありますように、まさに自治体の現場が、この事務はどういうふうに執行すべきかということについて現場での練り込みが必要だという気がしています。そんなことを言って現場の尻を叩いてもどうにもならないことは分かっているのですが、そのいらだちは私も持っているところがあります。

白藤　いまの点について。司会がしゃべって申し訳ないのですが、少し前に国が関与したがっていたのは何故かという問題が大事で、あとは行政の中身が変わってきて、カネのかかるような行政は地方に押しつけたりあるいは地方もカネがかかることを民間化したりという、全体の構造が変わってきているなかで、関与の必要な場合だとか関与をしようとする国の意欲のようなところがかなり変わってきているのではないかと思うのです。むしろ、何とか関与してでも助けてくれという地方の要請だとか、あるいは自治体の住民から見れば、もうちょっと行政が関わって欲しいというところでも、それはあなたたち住民の自己責任でしょうと投げてしまう、その大きな変化があるように思うのですが、その辺を先生はどのようにお考えですか。

辻山　概ね同じ感想です。国の側は積極的に関与しなければと思う場合はどういう場合なのだろうかということが想像がつかないのです。かつては統一的な行政、画一的な行政を、それぞれバラバラにやったら不公平になっちゃうだろうということで揃えるということがあったかもしれませんが、いまはその意欲が薄らいでいるのは何故だろうか、分権のおかげでしょうか。だいぶそれは変わってきた。

白藤　個人的には思うのですが、行政は本来であれば憲法が国民を保障している基本的人権だとか諸価値を具体化していく、それを法律に基づいて具体化するはずなのだけれど、そこが薄まっていて、そこを自己責任でやれという大きな流れが行政のところであって、そのところを見逃してしまってはならないのではないかと思います。

もう一つは、地方分権改革推進論者が二〇余年経って、二年くらい前には総括をして、成果があったよねという総括をしておられるけれども、今回の例えば沖縄の辺野古の問題などについては全く西尾先生もそうだけれど、これを原則だとか例外だとか、そういう、なんと言ったか忘れたけれど、要するにこれが地方分権改革を評価するときの事例として考えてもらっては困るという発言をされていたと記憶するのですが、いまこそ地方分権改革の到達点から見て沖縄の問題は国が関与していっている問題なのだから、これをするかで意見を出さなければならないと思うのですが、そう思っているのは私だけですかね。私ばかりがしゃべって申し訳ありません。

小原　早稲田大学の小原です。

いまの一連の話とも関係しますが、駐留軍用地特措法の話で、分権推進委員会の勧告理由をお載せなっていて、地方からすれば苦渋の選択を迫られていたのを救ってあげるのだという、この恩着せがましい言い方はいかにも西尾先生らしい。余計なことを言うと、松下圭一先生の西尾勝評でいまでも一番心に残っているのは、「西尾君はセツルメントをやっていたからな」というのが印象に残っている言葉で、非常に牧民官的発想は西尾先生らしいと思います。

他方で、機関委任事務をやめるべしという発想からすると、そもそも事務を無くするか、又は自治事務にスイッチするか国の直接執行しかないわけで、その純粋制度論からするとこの駐留軍用地特措法は国の直接執行にするしかなかったように思えるのですが、先ほどのお話の仕方だと、これは機関委任事務として残しておいて、何らか首長が態度を決めていた方が良かったと受け取れなくもない。変な言い方をすると、白藤先生の怒りを買いそうですが、公有水面埋立法は法定受託事務だからあそこまで抵抗できるわけで、国の直接執行になったら手も足も出ない。そうすると機関委任事務は結構良い形だよね、残してくれた方が良い、という議論が出来かねないのですが、それはどう考えたら良いだろうか。

ここにいらっしゃったら申し訳ないのですが、島田恵司さんが『分権改革の地平』を書いていて、その書評をしたことがあるのですが、そのなかでも、機関委任事務廃止一色になったときに、この特措法に関してだけは、やはりこれは？？だっただろうという言い方をされていて、私はかなり違和感を覚えながら書評を書いた記憶があります。

ではお前はどう考えるんだということを抜きにして、特措法の解決にはどういう解決があり得たのだろうか、うかがいたいと思います。

辻山　例えば直接執行にしましょうという中身でも、あれは国有財産の使用についての許可権は国が自分でやることにしたと思いますが、この性質と、あの代理署名問題とは異質だという気がしてならないのです。だから、全廃の方針に合致しながら直接執行ではない方法はあり得る。もっとも極端なのは、自治事務にしてしまえ。これは難しいかもしれませんが、もし何らかの関与を残したいのであれば、法定受託事務にするようなことかなと思っています。

取り上げてしまうというのは、それは国の責任で行うということなのだけれど、それは国有財産の管理だったら、まあ良いでしょうとも思えるのだけれど、個人の所有地を左右するのを直接執行というのは、相当、全廃という形式に流れたかなと思っているのですが、ダメですかね。

人見　辻山先生のレジュメで、土地所有者本人ではなくて、それがやらない場合に代理するのは当時市町村長が代理署名するのは「むらおさ」の仕事だ。だからこれは自治事務だというのが辻山先生の回答ではないかと思います。

辻山　河川管理も同じです。その地域を治めているむらおさが管理に関わって、国が協議したい、工事施工者が協議したいというときにそれに応じるのは自治事務ですと考えているわけですが、いまのところ、国の官僚が解説本などで、これは機関委任事務ですと言ったものが機関委任事務として扱われる、そのようにやられてきたところがある——私もあまり整理がついていないのだと思う。

澤田　質問させていただきます。熊本県立大学の澤田と申します。

自治体行政職員が地方分権改革をどう捉えれば良いかという観点から質問したいのですが、地方分権が進んだと言いながら、自治体の職員はものすごく仕事が増えていて、仕事に追いまくられて殆ど頭で考えることもできずにいる。意思決定能力の分権ではなくて、単に仕事を押しつけられただけという感じになっている気がします。

そんな中でもいま「地方創生」などといってまた国は自治体にＫＰＩを自分で設定しなさいといって、自治体が一生懸命設定しているのですが、あなたがたそんな指標を設定して良いのですかと言いたくなるようなものをやっている。国の良いように踊らされている気がしないでもない。国にしてやられている気がしてなりません。

いま地方分権が進んだと言われているなかで、自治体職員は国との関係をどのように考えたら良いのでしょうか。

辻山　かつて機関委任事務を正面からはじめて捉えたのは、多分革新市長会の提言だったと思うのですが、それは機関委任事務の返上論でした。やらない。それを考えると、本来であれば、やはり返上なら返上と言って、それで問題は、住民に迷惑がかかるかということは十分に検討しなければならないのですが、結構そうでもない事務もあって、追われている。それを何とか組織化するというか、返上しちゃうということがあっても良いという気がしています。それは補完性の原理の逆転させた発想。そうでなければ住民の利益は守れないということになりかねないというような危機感は持っております。

岡田　早稲田大学の岡田です。どうもありがとうございました。

辺野古の問題に関わっているのですが、法定受託事務のなかでも最後の国側の訴状が出てまいりましたが、法定受託事務のなかでも国防や外交に関するものなのだから知事は口を出すなという理屈なのです。だから、他の法定受託事務は任せても良いけれど、国防や外交については国の専権事項だという理屈で、それこそ直接執行の事務に、基地埋立造成をしちゃうぞという、今後そういう方向に出てくるかもしれません。

質問としては、ここで問題なのは、やはり国防の問題が自治とバッティングするような点について、これまでの研究の経験のなかで何か考えられたことがあるか。あるいは米軍の地位協定といった問題が今回大きな自治に対する国側の自治権否定の論拠になっているのですが、この辺りについてお考えやご経験があればお話を伺いたいと思います。

簡単に申しますと、国防や外交の問題が地方自治体の自治権を否定する論拠として辺野古の場合には使われている面が大きいですが、先生の地方自治のご研究のなかで、国防・外交あるいは米軍と抵触するような——池子の問題もその一つだと思いますが、考えられることがあったらお話をうかがいたいなと。

辻山　それはやはり、例えば法定受託事務にせよかつての機関委任事務にせよ、私はそれを委任している理由は、現地アレンジメントを効かせるためだ、現地適用性を高めるためだと言っていて、それを例えば外交だとか防衛だから現地の事情に合わせなくても良いという理由が見つからないのです。それはそこに人が住んでいるから。そのことをちゃんと言っていかないと、外交・防衛はアンタッチャブルだぞと言っていることで何となくそういうことかと納得しちゃっている雰囲気が全体にあるのです。その扱いは非常に難しくて、国と地方の協議の場のなどで知事会なりがきっちり協議していくことが必要になってくる気がしています。だから、私は外交・防衛は国の専権事項という決まり文句は問い直すというふうに考えているのです。

磯崎　中央大学の礒崎と申します。直接大学のことを聞くのもどうかと思っていたのですが、せっかくの機会ですので。

先生のお話のなかで、中央大学への移籍というのは記載がありまして九年間在籍されたのですが、「地方政府論」を取り上げていましたが、ただそれ以外多くのエピソードはないとおっしゃったところです。

確かに中央大学が先生の研究にあまり影響を与えなかったというのは分からなくはないのですが、敢えて言いますと、「地方政府論」という名称は当時は日本ではじめてだったという話がありましたが、この授業にあたって先生はどのようなことを学生に伝えたかったのか、それはうまく伝わったのかどうか、この科目を担当してのことをお聞きしたいです。

それから辻山ゼミはずっと地域調査をおやりになって、先生のファンはゼミ生あるいはゼミの周辺学生達には多かったように思うのですが、辻山ゼミをやりながら先生が学生に伝えたかったこと、あるいは学生から逆に学んだことがあれば、授業とゼミについて、思い出でも結構ですので教えていただければと思います。

辻山　だいぶ時間が経ちましたのであまり覚えていないことが多いのですが。

地方政府論をやりながら常に学生に言っていたのは、君たちは政府を構成している市民なんだぞということを理解してもらえるかどうか。だから、政府のサービスを受ける客体ではなくて、主体としての市民なのだということを繰り返して言っていました。それくらいですかね。ただ、それと同時に、例えば一体地方の政府はどんなことになっているのかということで、実はヒアリングをずいぶん入れたのです。例えば先ほどの逗子の問題では、逗子市の富野市長を呼んできて授業でしゃべってもらったのです。そうしたら、どこかよその学生もずいぶん入り込んで膨らんだ。すぐに事務室に呼ばれましたよ。「ああいう大事な授業をやるときには自分のクラスだけでやらないで、学部全体に広めてくれ」と。そんなこと言うなよと思い、ずいぶんその都度呼び入れては話をしてもらいました。

理論的なことはやっても、実感として受け止めてもらえるかどうかということ。そのこととの関連で、実はゼミも社会調査を頻繁にやりました。毎年必ず一回はやりました。問題はそれをどういうテーマでどこに調査を設定するのかということも学生につくらせたということです。何をテーマにやるのか。大体うまくいったのですが、白川郷の住民の調査をやりたいといって、確かあそこは村長選挙でほんの僅少差でなったことがあったのです。それでそれまでの白川郷の共同体意識に何かしこりを残していないかということをやりたかったらしくて、私が村の当局者に相談したのです。そしたらしっかり断られました。「そういう傷口に塩を塗り込むような調査はやめてくれ」と。

そういう意味では、話題になっているところは結構やりました。でも体力的には辛いのです。三日とかかかったりもしますし、遠いところだったり。でもどちらかというと、それは私自身が指導教授からもらったものを引き継いだだけというところはあるのですがね。ただインターネットの上では社会学の教授と紹介されたのです、社会調査ばかりやっているから。

そんなことで、思えば、そういういろいろなことはいま思い出しました。何もなかったわけではありませんでした。

白藤　どうもありがとうございました。今日は長時間にわたりましてお話しいただきまして、かつ皆さんからのご質問にもお答えいただきまして、ありがとうございました。私も八一年の第二臨調以降研究者として活動することになったのですが、おおかた先生と重なる事柄に直面してきたことを思い出しました。

それでは最後に感謝を込めて拍手をお願いいたします。

（つじやま　たかのぶ・地方自治論）

Ⅱ　自治の現場と課題

1　生活保護行政の法的統制
――自立支援と地方自治体の判断権限という視点から――

前田雅子
（関西学院大学）

はじめに

今日、地方自治体の生活保護行政の現場では、受給者の就労支援を含む自立支援の実施が課題となっている。本稿では、自立支援とこれに関する地方自治体の判断権限という視点から、生活保護行政の法的統制のあり方を考察するものである。以下、個人の自立に関連する憲法論、地方自治体と国との関係も視野に入れつつ検討を行う(1)。

一　自立支援と就労支援

厚生労働省は二〇〇五年、地方自治体が生活保護受給者を対象にその自立に向けた支援プログラムを策定、実施するための国庫補助事業を導入した。その契機となったのが、社会保障審議会の福祉部会に設置された「生活保護制度の在り方に関する専門委員会」の報告書（二〇〇四年）である。この報告書でとくに注目されたのは、「就労自立」（すなわち、就労による経済的自立、保護からの脱却）という従前の自立の捉え方だけでなく、「日常生活自立」（すなわち、身体や精神の健康を回復・維持し、自身で健康・生活管理を行うなど日常生活において自立した生活を送ること）、および「社会生活自立」（すなわち、社会的なつながりを回復・維持し、地域社会の一員として充実した生活を送ること）という自立の観念を提示した点であった。

これを受けて導入された「自立支援プログラム」は、保護の実施機関が受給者世帯の状況を把握したうえでその自立阻害要因の類型化を図り、各類型に応じて取り組むべき支援の具体的内容等を定め、必要な支援を組織的に実施する取組みである。上記の三つの自立観念（とくに後二者）に依拠した多様な支援が全国で実施される事業として位置づけられるに至り、そのこと自体は画期的であると評価された[2]。

この自立支援プログラムを発展させる形で、支援の対象をより広げ、生活保護に至る前の段階から早期に支援を行う制度として、生活保護を未だ受給していない生活困窮者への支援を法定したのが、二〇一三年制定の生活困窮者自立支援法である（二〇一五年施行。二〇一八年に一部改正[3]）。同法には、個々の生活困窮者の状況に応じて、支援のプラン策定も含め包括的な相談支援を行う「自立相談支援事業」をはじめ、生活上の主な課題に対応した支援事業が規定されている[4]。

その一方で、就労可能と判定された生活保護受給者に対しては、就労支援を実施する施策・事業にいっそう力点が置かれるようになっている。こうした就労支援事業には、保護の実施機関が、都道府県労働局・公共職業安定所と連携し、地方自治体にハローワークの相談窓口を設置して就労支援を集中的に行う「生活保護受給者等就労自立促進事業」のほか、福祉事務所に配置された就労支援員が、受給者の相談に応じ必要な情報の提供や助言を行い、求職活動の支援、さらに個別の求人開拓や職場定着支援を行う「被保護者就労支援事業」が存在する（同事業は、二〇一三年の生活保護法改正で必須事業として法定されるに至っている。同法五五条の七）。他方で、就労意欲や生活能力が低いなど、就労に向けてなお多くの課題を抱える受給者に対しては、日常生活自立および社会生活自立の支援という観点から、日常生活習慣の改善やコミュニケーション能力の向上など、就労体験を含む就労支援を行う「被保護者就労準備支援事業」が実施されている。なお、これらの就労支援事業については、その成果を定量的に把握するため、国において数値目標ないし指標が設定され、地方自治体はこれに基づいた進捗状況の管理を求められている点が留意される。(5)

二　自立と憲法・生活保護法

日常生活自立および社会生活自立は、生活保護を利用しながらの自立を想定している点で、保護に依存しないという意味での自立とは異なるものであることは明らかである。その一方、就労支援施策においては、依然として、就労による経済的自立が最終目標とされている。それゆえ、生活保護法上の「自立」（同法一条）は受給者の稼働能力等の状況に応じて多義的な概念であるということになる。

ここで、自立、とくに就労自立に価値を認める考え方について、関連する憲法上の議論を振り返っておきたい。

憲法一三条の解釈に関して、人を自律的存在、自らの意思決定・行動について他者の支配や干渉を受けないという意味での自己決定の主体とする捉え方において、同時に、それを可能とする条件を視野に入れる必要性、または環境の整備という含意を認めるものがみられる。(6)他方で、国家による支援が、一定の人間像や善き生の押し付け、個人の自己決定の領域へのパターナリスティックな介入を伴うというジレンマにも注意が払われてきた。

このようなジレンマが生活保護に関して具体的にあらわれるのは、生活保護法一条の「自立」という目的に合致しないと行政によって判断され、その結果、保護が支給されない、または打ち切られるという場面である。とりわけ、①同法四条の能力活用要件を満たさないことを理由とした保護開始申請の拒否、および②就労を求める指導・指示（同法二七条）に受給者が従わない場合における同法六二条三項に基づく保護の停廃止その他の不利益変更（以下、「不利益変更」には保護の停廃止も含む。）をめぐる解釈運用において顕著となる。

①および②については三以降でより詳しく検討するが、その前に生存権の保障（憲法二五条）とこれと結び付いた勤労の義務（同二七条一項）の趣旨を確認しておきたい。

憲法学説では、生存権に一定範囲で法的効力を認めると同時に、勤労の義務について、勤労の能力がありその機会があるにもかかわらず勤労しようとしない者には生存権の保障が及ばないという法的意味または法的効力が認められるという考え方が有力である。これによれば、勤労の義務を定める憲法二七条一項（「すべて国民は、勤労の権利を有し、義務を負ふ。」）について、「働く能力があり、その機会もあるのに、働く意欲をもたず、また実際に働かない者は、生存権の保障が及ばないなどの不利益な扱いを受けても仕方がないという意味が含まれている」と解される。そして、この趣旨を法律で確認して具体化しているのが、能力活用要件を定める生活保護法四条一項であるという。(7)

こうした憲法学説については別稿で批判的に検討を加えたところであるので本稿では割愛するが、結論のみ言えば、「勤労」を最低生活保障と具体的にどのように関係づけるかは、憲法は、二五条の法的効力に照らしつつ、時々の社会経済状況、社会通念を背景とした立法裁量に委ねていると解される。(8)それゆえ、生活保護法四条一項の定める能力活用要件の存廃および解釈は憲法二七条一項の射程外であって、勤労を条件としない給付（その典型がベーシックインカム）を受ける権利を規定する立法であっても、憲法二七条一項の趣旨への適合が問われることはないと考える。

ここで看過されてはならないのが、立法者は、憲法二五条の生存権を具体化する現行生活保護法において「勤労」に関しすでに一定の選択を行っているという点である。すなわち、現行生活保護法は、「勤労の意思のない者、勤労を怠る者」を保護の欠格者としていた旧生活保護法（昭和二一年九月九日法律第一七号）の欠格条項（旧法二条）を廃止し、二条で保護の無差別平等という基本原理を定めている。この規定は、困窮の原因を問わずに生活保護を実施しなければならないという趣旨を含むものと解されている。[9] したがって、「働く意欲をもたず、また実際に働かない」ことが原因で生活困窮に陥った者であっても、生活保護の実施対象からは排除されないということになる。

三　能力活用の法的意味と地方自治体の判断のあり方

以上に述べた憲法解釈を前提に、まず、生活保護法四条一項の能力活用要件について、地方自治体の判断のあり方という観点から検討を加える。

都道府県知事・市長・福祉事務所設置町村長である「保護の実施機関」またはその委任を受けた福祉事務所長（生活保護法一九条一項・四項以下。「保護実施機関」と総称する）は、保護開始を求める申請の審査において、申請者が能力活用要件を充足しているかを判断する。もっとも、次に述べるように、保護実施機関がこの要件事実の認定を厳密に行おうとすればするほど、その判断は困難・矛盾を伴うものとなる。

能力活用要件は、厚生労働省社会・援護局長通知（「生活保護法による保護の実施要領について」昭和三八年四月一日社発第二四六号厚生省社会局長通知）によれば、①稼働能力があるか、②実際に稼働能力を活用する就労の場を得ることができるか、③稼働能力を活用する意思があるか否かで判断することとされている。裁判例もこのような判断基準に依拠しているが、近年の下級審裁判例で注目されるのは、②および③の認定において、申請者本人の生活歴・職歴、困窮の程度など個別事情を考慮に入れた判断を行い、しかも、能力活用要件を満たさないことを理由とする申請拒否処分を取り消して、保護の実施を認める判決があらわれていることである[10]。

たとえば、大阪地判平成二五年一〇月三一日裁判所ウェブサイトは、②就労の場について、求人倍率等の数値からこれを得る抽象的な可能性があればこの存在を認める従前の判断方法に対して、当該申請者が求人側に対して申込みをすれば原則として就労の場を得られるような状況であったか否かを基準として判断すべきであるという。そのうえで、就労の場とは申請者が一定程度の給与を一定期間継続して受けられるような場であるという見解を示している。また、大津地判平成二四年三月六日賃金と社会保障一五六七号＝一五六八号三五頁は、③稼働能力活用の意思について、申請者が行いうるあらゆる手段を講じていなければ稼働能力を活用する意思がないとするのは相当ではないと述べる。このように、能力を活用しているか否かについて、個々の申請者ごとにその就労阻害要因など具体的な諸事情を考慮に入れ、きめ細かな判断をすべきであるとした裁判例の考え方は、たしかに妥当であるといえそうである。

もっとも、保護実施機関における保護開始申請の審査のあり方という観点からみると、とくに②就労の場に関する審査において、原則一四日（但し、特別な理由があれば三〇日延長可能）という生活保護法二四条の定める期間内に、申請者の個別事情を詳しく調査して能力活用要件の判断をすることは、訴訟の段階で裁判所が時間をかけて事実認定するのとは異なり、実際には困難である。

また、③能力を活用する意思があるかという基準は不明瞭であることから、より客観的に判断できる指標が必要となる。しかしながら、そもそも③を独立した判断基準として重視することは、上述したように、困窮の原因を問わず保護を実施するという生活保護法二条（無差別平等）の趣旨に合致しないと思われる。また、ひきこもりなど就労意欲が減退している要保護者を生活保護の実施対象から排除し、日常生活自立および社会生活自立という観点からの支援を全面的に否定するという結果を招来することにもなる。

この原則一四日の審査期間内に保護実施機関が調査し得た事実から、当該申請者が希望して現に就労しうる場が存在し、そこで就労することで速やかに最低生活費に足る収入を得られることが明らかに認められるようなケースであれば、能力活用要件を満たさないと認定する余地もあろうが、現実にはそのようなケースはほとんどないと推察される。そうすると、能力の活用は、生活保護法の解釈論上、保護開始要件として一貫させるのは困難であるという結論に至る。つまり、能力の活用は、保護を開始したうえで、受給者に対する就労支援を行う場面で問われるものであると解されるのである。

四　受給者の自立助長、指導・指示、不利益変更

次に、能力の活用が、受給者に対する就労支援、さらには就労を求める指導または指示という形で具体化される場面について検討する。

生活保護法二七条に基づく指導または指示は、六二条三項に基づく不利益変更をいわば担保として、

受給者がこの指導・指示に従うよう義務づけるものであると一般に解されている。それゆえ、従来、二七条の指導・指示は、受給者にとってはできる限り行われないのが望ましいものと観念され、この指導・指示の実施にソーシャルワークの理論を反映することは基本的には考えられていなかったといってよい。

他方、これに対して、生活保護法二七条の二に基づく相談・助言は、二七条とは規定上区別されているため、上述した自立支援プログラムの法的根拠を二七条の二に求め、不利益変更に結び付いた二七条の指導・指示と切り離す考え方が有力である。[11] しかも、そこでは、二七条の二が自治事務、二七条一項と六二条三項が法定受託事務という事務類型の区別も、両者を区別する考え方の拠り所とされている。

しかしながら、そうした考え方において、合理的な理由なく自立支援プログラムないし就労支援に十分取り組んでいないと認められる保護受給者に対し、二七条に基づく指導・指示、さらに六二条三項に基づく不利益変更を行うことを限界付ける法解釈論が用意されているわけではない。また、法定受託事務も自治事務も同じ地方自治体の事務であって、国・都道府県の関与の程度に応じた区別であるという考え方からも、事務区分は論拠として説得的であるとはいえない。

そもそも、二七条の二に基づく相談・助言、自立支援プログラムと、二七条に基づく指導・指示さらにこれに従わない場合の六二条三項に基づく不利益変更とを、分断して捉えるのではなく、ともに生活保護法一条にいう自立助長という目的に照らして整合的に解釈するという視座が必要となる。つまり、生活保護法二七条一項が「保護の目的達成に必要な指導又は指示をすることができる。」と規定していることを重視すれば、指導・指示と不利益変更を、自立助長という保護の目的から捉え直すことが求められているのである。

この見方からは、二七条の指導・指示を行う事由およびその内容は、受給者に関する支援方針や支援プロセスから乖離したものであってはならないという帰結が導かれる。そして、六二条三項の不利益変更は、たんに指導・指示に従う義務違反に対する制裁として捉えるのではなく、このまま保護を継続することが受給者の目標とする自立を著しく害するような場合に限定されることになる。

そうすると、不利益変更それ自体が、事後の生活状況の見通しを踏まえた支援方針の一環に位置づけられ、福祉事務所は、保護廃止後も見守りなど支援プロセスを継続することが求められるといえよう。

五　目標とされる自立、支援プロセス、協議

二で上述したように、就労による経済的自立という意味での自立が直ちに困難であるとみられる者であっても、その潜在的な能力を認め、これに応じた自立を支援することが地方自治体の責務として認識されるようになっている。そこで、あらためて、生活保護法上目的とされる自立が、どのようなものとして、どのように設定されるものであるかについて考えたい。

まず、前提となるのは、個人の自己決定を実質化させるという見地から、目標とされる各人の自立を他者（とくに行政機関や専門職など）から一方的に示されてはならないという観点である。

次に、「個人の自立を支援する行政」という行政像を措定し、これを法的にどのようにコントロールするかという視座に立脚することが肝要である。今日、自立支援に関して行政に期待されている役割を子細にみるならば、行政は、公的給付・サービスの必要性を認定するうえで、個人の意向・心身の状況のほか各人を取り巻く環境・関係性に眼差しを注ぎ、こうした各人の様々な事情により深く関わりつつ、きめ細かな支援を行うことが求められるようになっている。それだけに、行政が自立支援に伴い、

受給者個人の自律や自己決定の領域に介入するおそれが大きくなっている点に留意する必要がある。

以上に述べたことを踏まえると、各人の自立の内容（どのように生きるのか）は、各人の心身の状況、困窮の程度、関係性等に応じて多様であり、しかも、支援プロセスが継続、展開していくなかで、行政機関のみならず民間団体、専門職その他の支援関係者との対話をつうじて見出され、見直されていくものであるといえる。生き方に関する本人の意向が、行政機関、その他の支援関係者の見解、保護に依存しないという社会通念ないし勤労観などと大きくくいちがうような場合は、結局、支援プロセスでの対話の中で問い直しを重ねるという継続的な実践に委ねざるを得ないように思われる[12]。

このように、目標設定の場面で本人の自己決定を実質化させると同時に、とりわけ行政機関によるパターナリスティックな介入とこれに伴うジレンマを縮小・回避するためには、受給者本人（そのアドボケートを含む）・行政機関・その他の支援関係者間の協働が不可欠であるという視座が開かれる。ここでの協働は、基本的には、自立支援プロセスの循環的な進行（アセスメント――支援プラン策定――支援の実施――モニタリング――再アセスメント）に即して、支援関係者がそれぞれ異なる立場・知見から多角的・多方向的に協議を行うという形をとるものと想定される。ここでいう協議は、様々な者が関与する支援プロセスのいわば結節点として位置づけられる。なお、協議には本人が参加することが必要となるが、本人の意向や心身の状況等に配慮した運用上の工夫が求められる。そのうえで、この協議を実質的なものとするためには、対人援助の理論・技術であるソーシャルワーク、およびこれを支える専門職倫理（クライエントの自己決定の尊重、パターナリズムへの対処に関する倫理）を反映させる必要がある[13]。

このような協議は、形の上で一部はすでに法定化されている。その例として、生活困窮者自立支援法上の「支援会議」（後述）、児童福祉法上の「要保護児童対策地域協議会」（同法二五条）、介護保険法上の「地域ケア会議」（同法一一五条の四八）、子ども・若者育成支援推進法上の「子ども・若者支援地域協議会」（同法一九条）が挙げられる。

そのうち、生活困窮者自立支援制度では、本人のニーズのアセスメント、支援プランの策定を始めとする循環的な支援プロセスが運用上導入されており、そこでの協議の仕組みが二〇一八年の同法改正によって「支援会議」として法定されるに至った（同法九条）。支援会議は、連携して支援を行う協議の仕組みとして、地方自治体（福祉事務所設置地方自治体）により組織され、そのメンバーは、地方自治体担当者のほか、自立相談支援機関（自立相談支援事業を受託した民間事業者）、各種の支援関係機関その他関係者であり、各メンバーが、個々の利用者の目標や支援内容等について協議を行う。こうした協議では、利用者の個人情報を共有することが不可欠となるが、二〇一八年改正によって法令上守秘義務を課すことで個人情報の共有を進めることが可能となった。この点に、支援会議を法定した眼目の一つがあるといえる。

支援会議のような協議の仕組みは、生活保護の給付・支援プロセスでも有用であるが、それにもかかわらず、その導入は制度的に実現されていないという問題がある。生活保護受給者に対する自立支援プログラムや就労支援事業は、地方白治体（福祉事務所設置地方自治体）の事務・事業として位置付けられているものの、その実施に必要な人員・専門性が十分確保されておらず、これを民間に委託しているところが少なくない。そのため、地方自治体は、受給者に対する支援の状況に関する情報を十分に把握していないといった実態もうかがえる。その意味でも、直接に支援を実施している受託事業者、さらに支援プロセスに関与している支援関係者との情報共有および連携の仕組みとして、ここでいう協議の場を設けることが課題となる。

加えて、地方自治体行政の果たすべき役割が公的資源の配分の決定にあることから、地方自治体の財源・人員・専門性等の不足といった事情により、支援のあり方・内容にバイアスがかかることも容易に予想される[14]。こうしたバイアスへの対応という意味でも、協議をつうじて外部の機関・専門職等の知見を支援プロセスに反映させる意義が認められるだろう。

六　支援プロセスと行政判断の過程に着目した法的統制

以上のような協議を、生活保護に係る行政判断の過程にどのように位置付けるかが、次の検討課題となる。

生活保護受給者の個別事情、支援プロセスのありようを考慮した行政判断が求められる場面としてまず挙げられるのが、指導・指示違反に対する不利益変更決定である。この点に関する保護実施機関の判断過程とこれに対する司法審査のあり方については、すでに別稿で論じたところである[15]。そこで、以下では、厚生労働大臣が告示形式で定める保護基準（生活保護法八条）では充足されない特別の需要について、これを保護実施機関が最低限度の生活の需要として認定する場面に焦点を絞って考察する。

ここでは、経常的な最低生活費では賄えない被服・家具什器等の購入費用に対する一時扶助費、さらにより広く、保護基準によりがたい特別の事由（すなわち当該受給者世帯の個別事情等に応じた特別の需要）があると認められる場合に、厚生労働大臣が特別基準を設定する、あるいは一定の上限額の範囲内で特別基準を設定したものとみなして地方自治体に判断を委ねる取り扱いが注目される。

これによれば、保護実施機関は、支援プロセスの中で浮かび上がってきた受給者の特別の需要（たとえば、冷蔵庫・エアコン等の生活用品の購入、バリアの少ない住宅への転居の必要その他心身の障害に応じた特別の需要など）を、保護基準や厚生労働省の通知によらずに最低限度の生活の需要に当たると認定し、保護を実施するという判断を行うことになる。[16]

そして、保護実施機関がこうした判断権限を行使するうえで、その地域における生活事情その他の地域の実情を勘案しつつ、受給者とその世帯の個別事情を把握しておく必要がある。ただ、こうした事情をよく知りうる立場にあるのは、保護実施機関のケースワーカーよりむしろ、支援プロセスの中で直接に受給者への支援に携わっている支援関係者である場合も少なくない。

それゆえ、保護実施機関は、本人の意向に加え、支援関係者からの情報の入手、意見の聴取をする必要があり、これは上述した協議を通して行われるのが望ましい。つまり、最終的な行政決定を行うに先立ち、支援関係者それぞれの立場や知見等から多方向的・多角的に検討する協議の場を設け、その内容を考慮することが求められるのである。この協議は、行政庁が支援プロセスのありようを適切に考慮するためにその判断過程を制度化するうえで、不可欠の仕組みであるといえる。

したがって、生活保護の申請拒否や不利益変更が争われる行政不服審査や裁判では、最終的な給付決定権限をもつ保護実施機関が、その判断の過程で、担当ケースワーカーが自ら入手し得た情報を基にした行政組織内での検討にとどまらず、より開かれた協議をつうじて当該受給者の支援プロセスのありようをどのように考慮したのかについて審査を行うことが要請される。こうした審査は、行政法学では、行政裁量の司法審査の一つである判断過程の統制として位置づけられる。すなわち、保護実施機関が、協議の経緯・内容を考慮する義務に違反していないか、そもそも協議の場を設けてその内容を考慮したのか、どの程度の重み付けでもって考慮したのか等が審査対象となるのである。

七　生活保護行政における国と地方自治体の関係

以上、自立支援という視点から、地方自治体の判断権の意味とその法的統制の理論を提示した。他面でなお、生活保護行政における国と地方自治体の関係、国による地方自治体へのコントロールをどう考えるかという課題が残されている。最後にこの点に言及したい。

1　生活保護の事務の多くは、法定受託事務に分類されており（地方自治法八四条の五、別表第一）、生活保護法の解釈運用に関して「保護の実施要領」と称される通知をはじめ多数の通知類が厚生労働省から発出されている。その中の主要なものは、法定受託事務の処理にあたりよるべき基準として定められる処理基準（地方自治法二四五条の九）に位置づけられている。処理基準は、対等・協力の関係にある行政主体に対して示されるものである以上、それ自体は法的拘束力をもつものではない[17]。もっとも、地方自治体の生活保護の現場では、技術的助言・勧告（同法二四五条の四）にすぎないものも含め、厚生労働省の通知に従った事務処理が行われているのが実情である。

しかも、これらの通知に従った事務処理を担保しているのが、毎年度、実地に行われている生活保護法二三条に基づく事務監査である。ここでの監査事項として、生活保護の運用全般にわたって法令のみならず通知類への適合性がかなり詳細に列挙されている（厚生省社会・援護局長通知「生活保護法施行事務監査の実施について」平成一二年一〇月二五日社援第二三九三号）。そのうえ、実地での監査結果の講評・指示、監査の結果の指示事項に対する是正改善状況の報告要求や確認、特定の事項に問題があると指摘された福祉事務所に対して行う特別監査など、系統的な監査システムが整備され実施されている[18]。

2　さらに、国が地方自治体に交付する生活保護費等負担金に関して、会計検査院の実施する検査が地方自治体の解釈運用に与えている影響も等閑視することができない。

会計検査法院では、「会計検査院は、正確性、合規性、経済性、効率性及び有効性の観点その他会計検査上必要な観点から検査を行うものとする。」と規定されており（同法二〇条三項）、ここにいう「合規性」には、予算や法令のみならず行政内部の通知や補助金交付要綱等も含まれると解されている。[19]そして、会計検査院は、「会計経理に関し法令に違反し又は不当であると認める事項」について是正改善処置等を求める権限（同法三四条[20]）のみならず、検査の結果を総合的に判断した結果、違法または不当な会計経理に該当しなくても、行政庁等の作用が原因となって会計経理の面に不合理な現象が現れていると認める場合、これら作用全般についてまで意見表示または改善の処置要求をする権限（同法三六条）を有する。[21]これらの処置要求に主務官庁等が従わなければならないという規定はないが、法律により会計検査院にこうした権限が与えられている以上、主務官庁等はこれを尊重して改善を図る必要があると解されている。[22]

このような処置要求事項が会計検査院から厚生労働省に対して提示されると、地方自治体の解釈運用が必ずしも違法または不当というわけではなくても、その改善が実際に要求されることになる。つまり、会計検査院は、厚生労働省の発出した通知等への適合性を勘案しつつ、地方自治体の生活保護法の裁量権行使の合理性にまで踏み込んで自らの判断を対置し、その改善の処置を要求しているといえる。

会計検査院からの処置要求事項のうち、地方自治体における生活保護法の解釈運用に事実上大きな影響を与えたと考えられるものとして、二〇一〇（平成二二）年度の決算検査報告の中で会計検査院法三四条および三六条に基づく処置要求事項として掲記された、保護費が過支給となった場合における生活保護法六三条に基づく返還決定、および不正受給があった場合に同法七八条に基づく徴収決定を適切に行うことを求める事項が挙げられる。[23]

生活保護法六三条に基づく返還決定についていえば、昨今、その違法が行政不服審査や取消訴訟で争点となるケースが増加している。保護費の過支給を理由に同条に基づき返還が求められるケースには、同法七八条の適用対象となるいわゆる不正受給に当たらないケース、たとえば、生活保護受給者がまとまった金額の年金をその受給権発生日に遡及して一括して受給したケースや、受給者が年金等の受給の事実を申告していたにもかかわらず保護実施機関の過誤によりこれを収入認定する事務処理を怠ったために結果的に過支給となったケースも少なくない。[24]

同法六三条に基づく返還決定は行政処分であり、同条は、保護実施機関に、返還免除も含め当該決定に関する裁量権を認めている。従来、地方自治体の現場では、受給者世帯の年齢・障害等に起因する特別の需要その他個別事情を考慮し、その自立の助長（生活保護法一条）という観点から、保護費（とくに生活扶助のうち一時扶助費）の支給が認められない冷蔵庫やエアコンといった生活用品等の購入費用を「自立更生費」と称して、これを同法六三条に基づく返還額から控除するという解釈運用が行われてきた。

これに関して、会計検査院は、事業主体において、「返還決定等に当たり、返還金等の額の算定方法の理解が十分でなく、また、自立更生費等の控除の適切性及び必要性を十分検討していないこと、特に、遡及して受給した年金収入の返還決定に当たり、原則として自立更生費等を控除せずに受給額の全額を返還させるべきであることについての理解が十分でないこと」等が原因であるとして、会計検査院法三六条に基づき、厚生労働省に対しその改善の処置を要求した。

この指摘を受け、厚生労働省は、新たに通知（厚生労働省社会・援護局保護課長通知「生活保護費の費用返還及び費用徴収決定の取扱いについて」平成二四年七月二三日社援保発〇七二三第一号）を発出した。同通知では、生活保護法六三条に基づく費用返還については原則全額を返還対象とすること、そのうえで、年金を遡及して受給した場合の返還金から自立更生費等を控除することについては厳格に対応することが求められる旨の見解が強調されている[25]。

会計検査院の検査結果、およびこれを受けた厚生労働省の前記通知に示された考え方には、生活保護法が上述した観点から保護実施機関に返還決定に係る裁量権を認める趣旨は顧慮されておらず、そのため結果的に、地方自治体の判断権を制限する影響を及ぼしている。地方自治体の側においても、自らに判断権を付与する同法の趣旨を看過し、給付を抑制する方向で国の通知等を解釈して一面的な判断を行うところが少なくないことがうかがえる。

このように、生活保護法が、対象者の個別事情、地域の実情を考慮する要請から地方自治体に判断権を付与しているにもかかわらず、その判断権を国が自身の見解に沿うよう一律にコントロールするという問題は、生活保護行政においても生じているのである。

3　以上のように、生活保護に関して地方自治体の判断権にフォーカスし、生活保護法に基づきその積極的な行使を主張するとしても、この問題は国庫負担金の交付の場面であらためて顕在化することになる。国庫負担金は、地方自治体が厚生労働大臣の定める基準に従って支弁した費用の額（生活保護法施行令一〇条）を基に積算した額について交付される。そのため、地方自治体が国の基準と異なり独自に最低生活需要を認定し、保護支給決定をしたときに、その経費が国の負担すべき「保護費」（生活保護法七〇条一号・七五条一項一号）に該当するかが論点となり得る。ただ、地方自治体がその判断権を積極的に行使しているとは言い難い現状においては、保護費の国庫負担の範囲について国と地方自治体間で対立・紛争が出現することはなく、この論点に正面から取り組むという理論的な課題は現実性に乏しいものであった。

国と地方自治体との間の対立・紛争にまで至らなかったものの、この論点が住民訴訟という形で争点化が図られた事案がある。これは、緊急入院した外国人留学生に対し神戸市の福祉事務所長が実施した医療扶助の費用について、厚生省（当時）が、当該費用は国庫負担金の対象にならない旨の見解、すなわち、当該外国人は厚生省の通知（厚生省社会局長通知「生活に困窮する外国人に対する生活保護の措置について」昭和二九年五月八日社発第三八二号）に基づく行政措置として実施する生活保護の対象外であるという見解を示したことから、支弁者である神戸市が国に対して国庫負担金相当分（一二一万円余）の請求を行わなかった。そのため、住民らが神戸市を代位し国を被告としてその負担を求めて住民訴訟を提起したというものである。ただし、神戸地判平成七年六月一九日判例地方自治一三九号五八頁はこの訴えをすべて却下している[26]。

生活保護行政において国と地方公共団体の対等な関係を実現させるためには、国と地方自治体との間でこうした対立・紛争を解決する制度、すなわち、国の負担金の交付をめぐる争訟（補助金等適正化法二五条に基づく不服の申出、抗告訴訟）、および事務監査における指示（生活保護法二三条）や是正の指示（地方自治法二四五条の七）といった国の関与に関する係争処理制度について、地方自治体がこれらを積極的、効果的に用いるための方策という観点からも検討することが今後の課題となる。

おわりに

以上に述べたことをまとめてむすびに代えたい。

今日、生活保護受給者の就労支援が地方自治体の実施すべき事業として定められている。その反面、こうした支援が、能力活用要件、指導・指示違反に対する不利益変更と結び付けられることで、個人の自己決定への介入というジレンマの顕在化、あるいは生活保護からの排除という事態をもたらしている。ここに、個人の自立を支援する行政の法的統制という課題があらわれる。

能力活用要件について、その存廃・解釈は憲法上の勤労の義務の射程外であり、すでに生活保護法は、困窮の原因を問わずに生活保護を実施するという趣旨を明らかにしている。能力の活用は、生活保護法の解釈上、むしろ受給者に対する就労支援を行う場面でそのありようが問われる。受給者に就労を求める指導・指示、不利益変更については、これを、自立助長という生活保護法の目的に照らし、受給者の支援方針や支援プロセスに即したものとして捉え直すことが必要となる。

上述のジレンマを縮小・回避し、目標とされる自立について本人の自己決定を実質化させるためには、受給者、行政機関その他の支援関係者間の協働が不可欠となる。この協働は、支援プロセスの中で、それぞれ異なる立場・知見から多角的・多方向的に協議を行う形をとり、この協議に、ソーシャルワーク、およびこれを支える専門職倫理を反映させる必要がある。そのうえで、生活保護の申請拒否や不利益変更が争われる行政不服審査や裁判では、保護実施機関がその判断の過程で協議をつうじて受給者の支援プロセスのありようをどのように考慮したのかについて審査を行うことが求められる。

地方自治体は、こうした受給者に関わる事項、さらに地域の実情等を考慮して決定を行う権限を生活保護法上付与されている。もっとも、その事務処理に関して、機関委任事務の廃止前とほとんど変わらないような国のコントロールを受けている。処理基準に限らず技術的助言・勧告にすぎないものも含め、厚生労働省の通知に従った事務処理が行われており、それを担保しているのが、事務監査や会計検査院による検査、国庫負担金の算定・交付の仕組みである。

地方自治体は、生活保護法が与える判断権を積極的に行使すべきであるが、国と異なる判断を行う結果、相互の見解の対立が紛争化することになる。その解決のための仕組み、とりわけ財政負担をめぐる紛争の解決のあり方が、今後取り組むべき課題として位置づけられる。

注

(1) 筆者は、生活保護行政の法的統制に関して、前田雅子「個人の自立を支援する行政の法的統制——生活保護法上の自立とその助長——」法と政治六七巻三号（関西学院大学法政学会、二〇一六年）一頁〜三九頁、同「厚生労働大臣の定める保護基準と保護実施機関による最低限度の生活の判断権限」佐藤幸治＝泉徳治編『滝井繁男先生追悼論集　行政訴訟の活発化と国民の権利重視の行政へ』（日本評論社、二〇一七年）三二〇頁〜三三五頁等において考察を行っている。本稿は、それらの考察結果を基に近年の文献や法改正等も参照しつつ、地方自治体と国・厚生労働省との関係という視点も交えて考察を行うものである。

(2) 布川日佐史編『生活保護自立支援プログラムの活用　①策定と援助』（山吹書店、二〇〇六年）七頁など参照。なお、こうした自立支援施策が対象者に自立を要請することに関わる問題を指摘するものとして、桜井啓太『〈自立支援〉の社会保障を問う』（法律文化社、二〇一七年）一七九頁以下・二〇九頁以下参照。

(3) 同法は、二〇一八年に、「生活困窮者等の自立を促進するための生活困窮者自立支援法等の一部を改正する法律」（平成三〇年法律第四四号）により、生活保護法等とともに改正されている。同改正は、とくに市町村の包括的な相談支援体制の整備という観点から、厚生労働省「我が事・丸ごと」地域共生社会実現本部決定の『「地域共生社会」の実現に向けて（当面の改革工程）』（二〇一七年二月）の中で、地域共生社会の実現を理念とした一連の法改正・制度改革の一つに位置づけられている。

（4）生活困窮者自立支援制度の概要と、支援の方法については、岡部卓編『生活困窮者自立支援』（中央法規、二〇一八年）など参照。また、各地で先行していた実践を分析、検討するものに、五石敬路ほか編『生活困窮者支援で社会を変える』（法律文化社、二〇一七年）などがある。

（5）経済財政諮問会議の新経済・財政再生計画改革工程表に、生活保護受給者に対する就労支援の実施状況に関するKPI（改革の進捗管理や測定に必要となる指標）が明記されている。その二〇一八年版（二〇一八年一二月二〇日）によれば、就労支援事業等に参加可能な者の事業参加率を二〇二一年度までに六五％とすること（二〇一七年度の実績は三六・五％）、就労支援事業等に参加した者のうち、就労した者および就労による収入が増加した者の割合を同年度までに五〇％とすること（同四三・六％）等の指標が盛り込まれている。厚生労働省社会・援護局保護課「令和元年度の生活保護」生活と福祉七五八号（二〇一九年五月）四頁以下など参照。

（6）佐藤幸治『日本国憲法と「法の支配」』（有斐閣、二〇〇二年）一八一頁以下、同『憲法〔第三版〕』（青林書院、一九九五年）三九四頁以下、小泉良幸『個人として尊重』（勁草書房、二〇一六年）三八頁以下・一八三頁参照。佐藤幸治『日本国憲法論』（成文堂、二〇一一年）一三六一頁以下も参照。

（7）前田・前掲論文注（1）個人の自立を支援する行政の法的統制」一〇頁以下およびそこで引用された文献を参照。なお、私見に対して、尾形健「生存権保障」宍戸常寿＝林知更編『総点検　日本国憲法の七〇年』（岩波書店、二〇一八年）一七七頁注（3）は、能力活用要件は憲法二七条一項の要請ではないとする一方、同要件が憲法上の権利の重大な限界付けであるからこそその正当性は憲法レベルで説明すべきであり、また、この要件をなお置くことの正当性・合理性はそれ自体として説明する必要がある旨を述べる。前掲拙稿では、今日に至っても憲法学でそうした説明が説得的に行われていないことも指摘した。

（8）この点について概ね結論が同旨である近時の論攷として、辻健太「生存権と勤労の義務をめぐって」尾形健編『福祉権保障の現代的展開』（日本評論社、二〇一八年）四三頁、六二頁も参照。

（9）木村忠二郎『生活保護法の解説〔第二次改訂版〕』（時事通信社、一九五八年）一一七頁以下、小山進次郎『改訂増補　生活保護法の解釈と運用〔復刻版〕』（全国社会福祉協議会、一九九一年）一〇六頁・一一三頁以下・六四〇頁参照。

（10）能力の活用およびこれをめぐる裁判例に関する論点の検討として、前田・前掲論文注（1）「個人の自立を支援する行政の法的統制」一三頁以下、加藤智章＝菊池馨実＝倉田聡＝前田雅子『社会保障法〔第七版〕』（有斐閣、二〇一九年）三八二頁以下〔前田〕参照。

（11）とくに社会福祉学でこうした考え方が有力である。たとえば、岡部卓「生活保護における自立支援」社会保障法二四号（二〇〇九年）一五七頁参照。

（12）前田・前掲論文注（1）「個人の自立を支援する行政の法的統制」一八頁以下参照。稲沢公一『援助関係論入門』（有斐閣、二〇一七年）一三四頁以下・一四〇頁以下も参照。とくに支援者に対して消極的、拒否的な態度をとる人々との関係の形成について、副田あけみ『多機関協働の時代』（関東学院大学出版会、二〇一八年）一八七頁以下参照。

（13）協働の実践理論・方法について、副田・前掲書注（12）七七頁以下など参照。

（14）近年、小田原市の生活保護行政でも露見した「不正受給対策」バイアスが想起される。生活保護問題対策全国会議ほか編『「生活保護なめんな」ジャンパー事件から考える』（あけび書房、二〇一七年）参照。

（15）前田・前掲論文注（1）「個人の自立を支援する行政の法的統制」二二頁以下参照。

（16）前田・前掲論文注（1）「厚生労働大臣の定める保護基準と保護実施機関による最低限度の生活の判断権限」二三一頁以下参照。

(17) 宇賀克也『地方自治法概説〔第八版〕』(有斐閣、二〇一九年) 四一七頁以下参照。但し、処理基準に違反した事務処理が行われた場合、是正の指示など権力的な関与を受けるおそれがある。

(18) 監査内容の変遷と福祉事務所への影響について、神野直彦＝山本隆＝山本恵子編『貧困プログラム』(関西学院大学出版会、二〇一九年) 一五頁以下〔岩崎賢次〕も参照。なお、総務省行政評価局による「生活保護に関する実態調査」とその結果に基づく勧告も行われており、厚生労働省はこれに対する改善措置を講じている。

(19) 会計検査制度研究会編『会計検査制度』(中央経済社、二〇一五年) 一五頁参照。さらに、公会計研究協会編『会計検査院法の解説』(全国会計職員協会、二〇一四年) 八六頁は、会計検査院法二〇条三項にいう「その他会計検査上必要な観点」は、社会保障等のソフト分野への検査領域の拡大に伴って、公平性の観点など、今後、検査の観点が拡大していく趣旨を含むという。

(20) 公会計研究協会・前掲書注 (19) 一五五頁以下によれば、会計検査院法三四条にいう「不当である」とは、予算の目的または内部規定に反している場合も含まれる。

(21) 公会計研究協会・前掲書注 (19) 一五四頁以下・一六〇頁以下参照。同書一六一頁によれば、会計検査院法三六条にいう「制度又は行政」とは、会計経理の面に現れた不合理な現象の原因となっている行政庁等の作用全般を指す。なお、これら意見表示または処置要求事項およびその結果は、内閣をつうじて国会に提出される検査報告書の必要的掲記事項である (会計検査院法二九条七・八号)。

(22) 公会計研究協会・前掲書注 (19) 一五六頁以下・一六一頁参照。

(23) 平成二二年度決算検査報告第三章「個別の検査結果」第一節「省庁別の検査結果」第八「厚生労働省」のうち、「意見を表示し又は処置を要求した事項」の (四) を参照 (会計検査院ホームページで閲覧可能)。

(24) 生活保護法六三条に基づく費用返還をめぐる解釈運用上の問題について、前田雅子「生活保護法第六三条に基づく費用返還」法と政治六九巻二号 (二〇一八年) 一頁参照。

（25）この通知が発出された経緯および問題点の分析として、吉永純『生活保護「改革」と生存権の保障』（明石書店、二〇一五年）二〇二頁以下参照。

（26）同判決は、国庫負担金を直接代位請求する部分（主位的請求）は、地方自治法二四二条の二第一項四号（当時）に掲げる訴訟の対象に該当せず不適法であり、また不当利得返還請求権および不法行為による損害賠償請求権を代位請求する部分（予備的請求）は、同条二項一号所定の出訴期間（監査の結果の通知があった日から三〇日以内）を徒過しており不適法であるとして、いずれの訴えも却下している。ただし傍論で、外国人の重大な傷病への緊急治療を含め生存権に関する何らかの措置を講ずることが望ましいとしつつ、このような措置を講ずるか否か、またその制度化、費用の負担などは、もっぱら国の立法政策にかかわる事柄であり、直ちに司法審査の対象となるものではないと述べている。

（まえだ　まさこ・行政法）

2　政府間関係再編下の地方財政
——交付税・補助金に焦点を当てて——

川瀬憲子
（静岡大学）

はじめに

本稿の課題は、現行の憲法の理念からみた政府間財政関係の再編過程と、それが地方財政に及ぼす影響について、主として交付税と補助金に焦点を当てながら検証することにある。[1]憲法改正をめぐっては、二〇一二年に自民党憲法草案が出されて以来、各方面からの議論も盛んにおこなわれている。[2]「草案」では、憲法の理念でもある国民主権、基本的人権の尊重、平和主義、地方自治において重大な改変が提起されており、地方自治や地方財政に及ぼす影響も大きい。地方自治の章では自治体財政の自立あるいは自律が強調され、地方の役割が縮小されるなど、地方自治の形骸化と集権型システムへの移行が提起されているとみることができよう。

ところで、地方交付税をめぐっては、財源保障が自治体のモラルハザードを招くとして、これまで整理縮小や原則廃止といった主張もなされている。[3]そうした議論によれば、地方版構造改革をさらに推し進めて、自治体の統合再編や究極の構造改革である道州制へと向かうシナリオなどが描かれている。

「草案」にも「広域自治体」が表記されるなど、改憲の方向性も道州制を想定している可能性がある。近年、特に第二次安倍政権以降進められている交付税のトップランナー方式、「地方創生」政策、「国土のグランドデザイン二〇五〇」による日本型コンパクトシティ政策、さらには「自治体戦略二〇四〇」で提起されているスマート自治体構想など、一連の集約型国土再編の動きは、この方向性を示すものであるといってよい[4]。

そこで、本稿では、まず政府間財政関係再編の動きを、政府予算と地方財政計画との関係で整理し、地方交付税のトップランナー方式と行政部門の市場化の動き、「地方創生」集約型国土再編と国による地方財政措置の関係を概括したうえで、実際に自治体財政にどのような影響が及ぼされているのかを、静岡市を事例に検証を試みることとしたい。静岡市を取り上げる理由は、「平成の大合併」期に政令指定都市を目指す大規模合併を実施しており、三位一体改革の影響や交付税特例期間の終了によって財政難が表面化し、そうした中で集約型都市構想が推進されるなど、典型事例といえるからである。以下では、合併から集約型国土再編への財政誘導装置としての交付税・補助金の特徴づけと、集権型システムへの統治機構の再編過程について焦点を当てながら、論じていくこととしたい。

一　政府間財政関係の再編──財源の中央集中と集権型国家システムへの転換

1　地方分権一括法以降の一連の「分権改革」

一九九五年の地方分権推進法が制定されて以来、「分権改革」という名のもとに、自治体の統合再編が行われてきた。二〇〇〇年には地方分権一括法が制定され、機関委任事務の廃止と法定受託事務、自治事務への再編、さらには「三位一体」改革による国庫補助負担金の整理合理化、交付税の見直しと税源移譲、分権の受け皿としての市町村合併（いわゆる「平成の大合併」）が進められてきた。三位一体改革（二〇〇三年〜二〇〇六年）においては、九兆八〇〇〇億円の交付税と補助金の削減と三兆円の税源移譲が実施され、自治体財政に多大な影響を及ぼした。「平成の大合併」は、合併特例債と交付税による財政誘導によるところが大きく、交付税特例終了後に財政難に陥った自治体も多い[5]。

三位一体改革では、三兆円の所得課税の国から地方への税源移譲が実施されたことは、自治体財政権の拡充という意味では、肯定的に評価することもできよう。しかし、その後の地方財源の国への集中が進み、二〇〇八年に、法人事業税の一部国税化、地方譲与税化、二〇一二年「一括交付金」（地域自主戦略交付金）が廃止、二〇一四年度と二〇一六年度には、法人住民税の一部交付税の原資化などが実行された。その結果、税源配分は、三位一体改革前の水準にまで戻ったのである。

2　安倍政権下の政府予算の特徴と地方財政計画

二〇一二年の第二次安倍政権以降には、地方分権化というよりむしろ中央集権化と財源の中央集中が進んでいることに注目すべきである。それは、政府予算と地方財政計画の特徴（二〇一二〜二〇一八年度）にもあらわれている[6]。

政府予算の第一の特徴は、防衛関係費つまり軍事費の急増である。第二次安倍政権発足前の二〇一二年度では約四・七兆円であったが、二〇一九年までの間に急増していることがうかがえる（図1）。二〇一八年度の予算でみても五兆一九一一億円（対前年度比一・三%増）、二〇一九年度には五兆二五七四億円と（対前年度比一二・三%増）と六年連続で過去最高を更新している[7]。これは「中期防衛力整備計画」（二〇一四年度〜一八年度と二〇一九〜二〇二三年度）に基づく予算編成であり、辺野古新基地

図1　防衛関係費の推移（1997年度～2019年度）

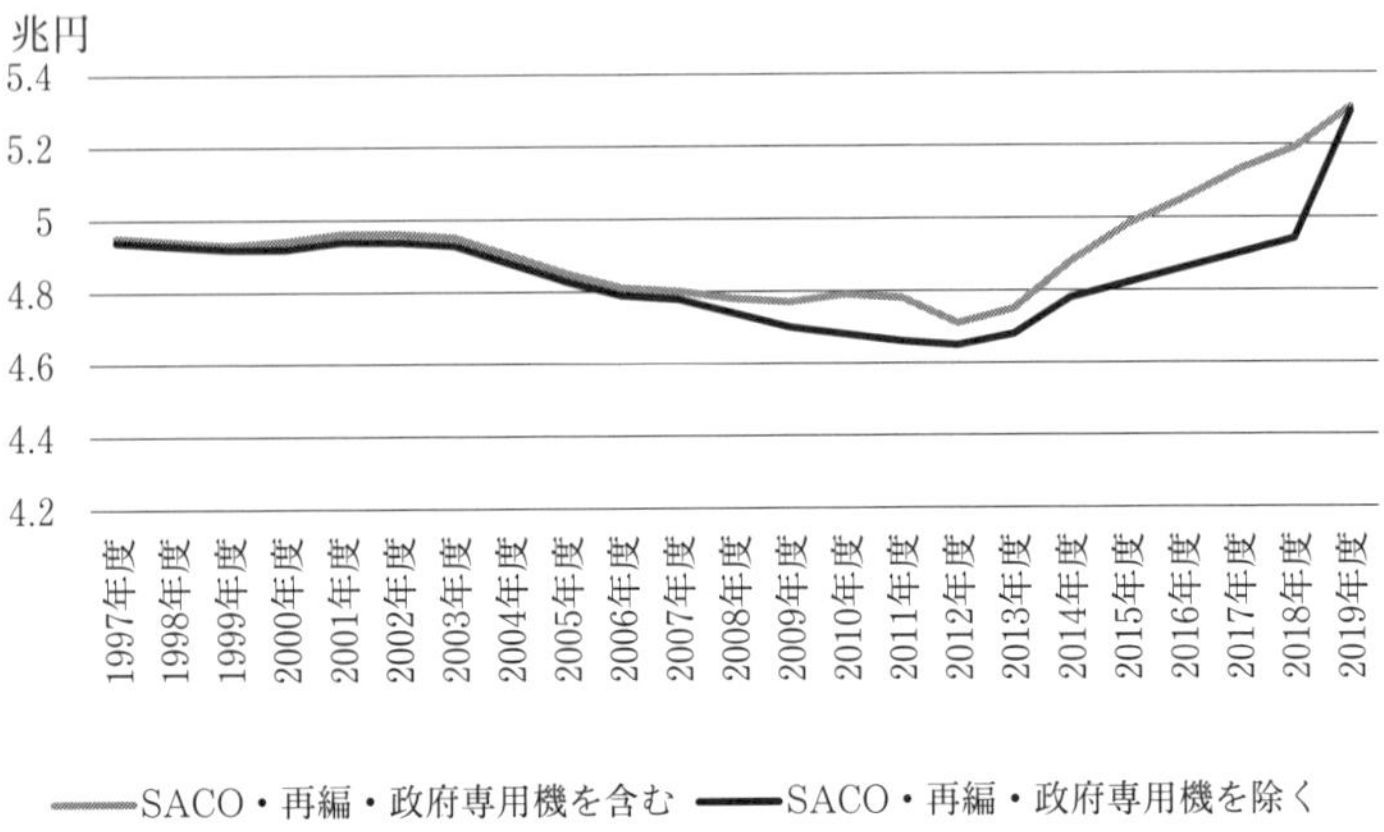

（資料）政府予算より作成

建設計画を含む在日米軍再編経費も含まれる。特に、在日米軍再編経費を含めた経費の増加率の方が大きくなっているところにも注目すべきである。また、防衛関連の研究に対しては、二〇一七年度に大学などへの補助金を六億円から一一〇億円に大幅に増加させる内容となり多くの議論を喚起した。

　第二の特徴は、社会保障費の自然増加分を抑制するために、二〇一七年度で約一四〇〇億円の削減、二〇一八年度にはさらにそれを上回る一五〇〇億円以上の削減を実施していることである。二〇一七年度には、一定の所得のある高齢者の負担増によって医療分野で約九五〇億円、介護分野で約四五〇億円の経費を圧縮した。さらに二〇一八年度には診療報酬の見直しで一四五六億円の削減、生活扶助基準の見直しや医療扶助の「適正化」などが主な内容となっている。生活保護基準の生活扶助の見直しなどで就学支援の基準などにも影響が出ている。また、文教予算についても、科学技術庁予算を除くと抑制傾向にある。

図２　地方交付税の推移（2000年度～2019年度）

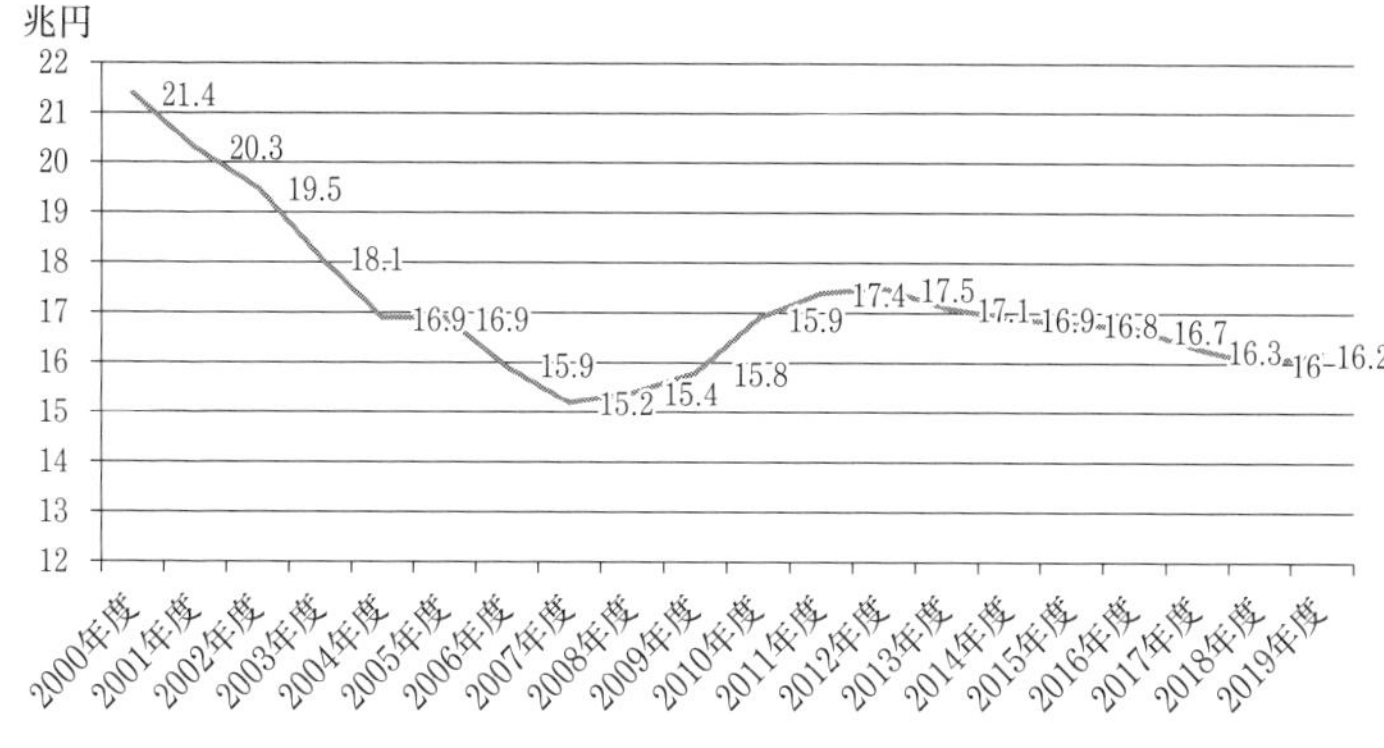

（資料）総務省資料より作成

第三に、地方交付税が二〇一二年度から二〇一八年度まで六年連続で削減されていることである（図２参照）。地方財政計画によれば、二〇一八年度の財政規模は、東日本大震災分を含めると約八八兆円、財源不足額は約六・二兆円となっている。(8) 通常収支分の歳出内訳では、給与関係費は二〇・三兆円でほぼ前年度並みだが金額でみれば六五億円減、一般行政経費三七兆円は（対前年度比一・三％増）、公債費は一二・二兆円（同三％減）、投資的経費は一一・六兆円（同二・三％増）で昨年度よりも大幅に増加するといった内容になっており、投資的経費で地方単独分が昨年度に引き続き三・二％増えているのも特徴的である。

また、地方財政計画でみた歳入面では、地方税は三九兆円とほぼ横ばい（金額でみれば三六三一億円増）だが、その一方で、震災復興特別交付税を除く地方交付税は一六・〇兆円の水準で、前年度に比べると二％減、臨時財政対策債（後年度の地方交付税に振り替えられる地方債）は四兆円となっている。また、東日本大震災分では、震災復興特別交付税は二〇一六年度には二割近く減少となったが、さらに二〇一七年度には六％減、二〇一八年度には一三％減

となる。(9)

政府予算と地方財政計画の特徴を整理すれば、軍事費の急増が際立っており、少子高齢化に伴って社会保障関係費が増加しているものの、大幅な見直しが進められていることを考えれば、福祉国家というよりむしろ軍事国家財政的な色彩が強くなっているといえる。さらに地方財政において考えなければならない論点の一つは、地方交付税が二〇一三年度から六年連続で減少を続けているという事実である。以下、その内容についてみていくことにしたい。

二　地方交付税トップランナー方式と行政部門の市場化

1　地方交付税の役割と財源

地方交付税交付金は、地方自治体の財源を保障し、地域間の財政力格差を是正する重要な役割を持つ制度である。それは「間接課徴形態の地方税」としての性格を有し、憲法で規定されている国民の生存権や生活権を保障し、ナショナル・ミニマムを保障する上では不可欠な制度であるといえる。近年では、地域間格差が拡大し、財政力格差もまた拡大する中で、地方交付税はますます重要になってきている。図3は不交付団体の推移を示したものである。二〇〇〇年代半ばに交付税算定基準の見直しが進められて、不交付団体が増加したものの、現在では、約一八〇〇市町村のうち、大半が交付税を受けていることが窺える。

二〇一八年地方財政計画をみると、国税四税の法定率分等（所得税三三・一%、法人税三三・一%、酒税五〇%、消費税二二・三%）一四・九兆円と一般会計における加算措置等（約七〇〇〇兆円）を合わせた額で示されている。(10)二〇一七年度と比べると法定率分は三七〇〇億円増加しているものの、一般

図３　不交付団体の推移（1976年度～2018年度）

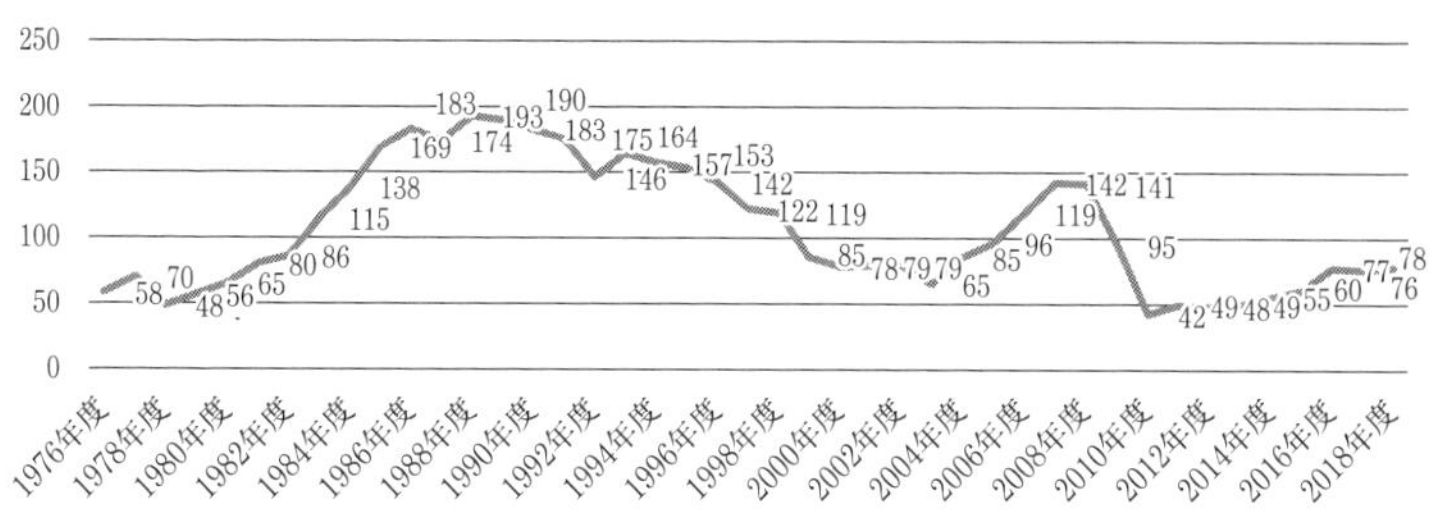

（資料）総務省資料より作成

会計からの加算分が六〇〇〇億円近く削減されていることがわかる。「交付税及び譲与税配付金特別会計」（「交付税特別会計」）に目を向けると、地方法人税の法定率分六五〇〇億円が加算され、借入金の償還に四〇〇〇億円が支出されるなどといった構図になっている。

国税四税の法定率分については、消費税の税率が二〇一四年度から五％から八％に引き上げられるのに伴って、八％のうち一・七％分地方消費税となり、国税としての消費税は六・三％となっているため、交付税に含まれる消費税相当分は増額となっている。

また、二〇一四年度からは地域間の税源の偏在を是正し財政力格差の縮小を図る目的で、法人住民税法人税割の税率が引き下げられ、その引き下げ分に相当する「地方法人税」が創設された。課税標準は法人税割である。その地方法人税の法定率分が、交付税特別会計に直接繰り入れられて、地方交付税の原資として加えられている。その一部は、交付税特別会計の借入金返済にも充てられている。また、交付税の「別枠加算」も廃止された。そのため、消費税が増税され、地方交付税の財源が増額されたにも関わらず、交付税総額が六年連続でマイナスになるという事態が生じているのである。

このように、国税の一定割合は交付税財源として「交付税特別会計」に組み入れられ、地方自治体に配分される仕組みになっているが、過去を振り返ってみると、一九九〇年代から二〇〇〇年代にかけて、交付税特別会計の借入金が急増してきた。それは、景気対策のため地方単独公共事業を推進するために地方債の一部を交付税で措置することや、市町村合併を進めるために合併特例債を交付税で措置するといった諸政策によるところが大きいといえる。一時期は五〇兆円を突破する規模にまで膨らんだ。

現在、その償還の負担分に応じて、国と地方に分割して計上されている。二〇〇七年度から国負担分借入金残高の全額が一般会計に承継されているため、二〇〇七年度以降は地方負担分だけが残されており、二〇一七年度地方財政計画における交付税特別会計借入金の償還額は、四〇〇〇億円となっている。当初の計画では五〇〇〇億円だったが、一〇〇〇億円は後年度に繰り延べられている。特別会計借入金の支払利子は八二〇億円である。二〇二〇年度からは五〇〇〇億円に償還額が引き上げられる。つまり、過去の景気対策や合併推進のために膨らんだ交付税特別会計の借金のツケが、交付税減額の一つの要因となっているといえる。

2　地方交付税トップランナー方式による成果主義

近年の交付税見直し論において示されているのが、財源保障機能重視から成果主義重視の方向性への転換である。つまり、地方が工夫可能な歳出については、クラウド化の推進や民間委託の推進等の業務改革を行い、その進捗に合わせて地方交付税の算定基準を大きく変えていこうとするものである。そのため、二〇一六年度から歳出効率化に向けた業務改革でモデルとなるようなものを地方交付税の基準財政需要額の算定に反映するという「トップランナー方式」を導入することや、地方税の実効的な徴収対策を行う自治体の徴収率を、標準的な徴収率として反映することなどが提起された(11)。

特に「トップランナー方式」の導入に対しては、交付税の計算に用いられる単位費用に計上されている全ての二三業務について導入することとされた。ただし、法令等により国が基準を定めている業務や産業振興・地域振興等の業務は、「トップランナー方式になじまないこと」を理由に対象から外されている。二〇一六年度中に一六業務について着手し、三年から五年かけて段階的に反映させること、二〇一七年度以降はその他の業務についても導入を図るとされた。具体的にみると、二〇一六年度からは、学校用務員事務、道路維持補修・清掃等、本庁舎清掃等、一般ごみ収集、学校給食（調理・運搬）については民間委託等、体育館管理等、公園管理については指定管理者制度導入や民間委託等、庶務業務は集約化、情報システムはクラウド化といった業務改革を行うことが、基準財政需要額の算定基礎とすることが明記された。

交付税の基準財政需要額の算定項目は、都道府県では高等学校費、特別支援学校費、道路橋りょう費など、市町村では小学校費、中学校費、高等学校費、道路橋りょう費、清掃費、公園費などといった項目が対象となっている。市町村における一般ごみ収集や学校給食業務などは経費区分が給与費から委託料等に見直しされることとなっているが、それは指定管理者制度や民間委託等への以降を前提に、職員の給与を地方交付税の計算において計上しないことを意味している。

実際、二〇一七年度は、青少年教育施設の指定管理者制度導入と公立大学運営の独立行政法人化が、二〇一八年度は、窓口業務のアウトソーシングにおいて実施されており、それ以降は、図書館、博物館、公民館、児童館についても、アウトソーシングを前提とした算定へと移行するといった計画が打ち出された。つまり、これらのサービスを民間委託や指定管理者への移行、独立行政法人化をさらに推し

表１　地方交付税「トップランナー方式」における基準財政需要額の内容

対象業務	都道府県	市町村	基準財政需要額の算定基礎とされる業務改革の内容
（2016年度） 学校用務員事務 道路維持補修・清掃等 本庁清掃、案内受付等 一般ごみ収集	高等学校費、特別支援学校費 道路橋りょう費 包括算定経費 —	小学校費、中学校費、高等学校費 道路橋りょう費 包括算定経費 清掃費	民間委託等
学校給食（調理、運搬） 体育館、プール等管理 公園管理	その他の教育費 その他の土木費	小学校費、中学校費 その他の教育費 公園費	指定管理制度導入、民間委託等
庶務業務（人事等） 情報システムの運用	包括算定経費	包括算定経費	庶務業務の集約化 情報システムのクラウド化
（2017年度） 青少年教育施設管理 公立大学運営	その他の教育費 その他の教育費	その他の教育費	指定管理制度導入 地方独立行政法人化
（2018年度） 窓口業務（戸籍、住民基本台帳業務、税証明業務、福利厚生業務等）			総合窓口・アウトソーシングの活用
（2019年度以降） 図書館管理 博物館管理 公民館管理 児童館、児童遊園管理	その他の教育費 その他の教育費	その他の教育費	指定管理者制度導入等

（注）下線部の項目については、経費区分が給与費から委託料等に見直し。
（資料）総務省資料より作成。

進める内容となっているのである。すでに、これらの領域で指定管理者制度や独立行政法人化などを進めている自治体をモデルとし、まだ移行していない自治体に対しては、交付税による財政誘導によって、強力に推し進めようとするねらいがあるといってよい。自治体職員において非正規雇用が拡大し、行政のワーキングプアがさらに増える可能性もある（基準財政需要額の算定項目別に見直し内容については表1を参照）。

具体的に数値をみると、二〇一六年度導入分については、小学校用務員事務では小学校費と中学校費の経費水準は、民間委託等を算定基礎として一校当たり三七〇・七万円（見直し前年度）から三一一・〇万円（二〇一九年度）、一九八・一万円（見直し最終年度）、公立学校運営では理科系学部で、独立行政法人化を算定基礎として一人当たり一六九・四万円（見直し前年度）から一五五・三万円（二〇一九年度）、一五〇・六万円（見直し最終年度）へと見直す予定になっている。

また、基準財政収入額の算定に用いる徴収率の見直しでは、現行の全国の平均的な徴収率として算定する仕組みを見直して、上位三分の一の自治体が達成している徴収率（過去五年間平均）として、五年間で段階的に実施していくとしている。これは個人住民税（均等割、所得割）、固定資産税などの地方税が対象となっている。全国的に格差と貧困が社会問題化し、滞納世帯が増えている現状をみれば、きめ細やかな地域におけるセーフティネットづくりなどといった対応が求められることとなるが、徴収率の引き上げが数値目標化し弱者切り捨てにつながる可能性が懸念される。

いずれにしても、成果（アウトカム）の徹底した「見える化」と事業等の進捗・成果について評価する仕組みを設けていくことや、地方交付税におけるまち・ひと・しごと創生事業費への地域の活性化等の取組を反映させていくことなどが打ち出されており、自治体の政策面に大きな影響を及ぼすことが想定される。そこで、次に、「地方創生」政策についてみていくことにしたい。

三 「地方創生」と集約型国土再編

1 少子高齢化・人口減少を背景とした統治システムの転換

安倍政権下で人口問題への対応として「地方創生」政策が進められているが、それは、「選択と集中」の強化によって、従来の自治システムを基本とする地方統治機構が解体していく側面をもっている[12]。二〇一四年五月の「ストップ少子化・地方元気戦略」と題するいわゆる増田レポートでは、二〇一〇年から二〇四〇年までの三〇年間に、若年女性人口が五〇%以下になる消滅可能性都市として八九六市町村を掲げ、地方拠点都市の建設などを提唱した[13]。

内閣府『高齢社会白書』では、現役世代（一五~六四歳）と高齢者（六五歳以上）を比較し、二〇一五年では高齢者一人に対して現役世代二・三人だが、二〇六〇年には一・三人になると試算している。日本の合計特殊出生率は一・四六（二〇一五年）と他のOECD諸国と比べると比較的低い水準で推移しており、二〇一五年から「人口減少時代」に入ったとされる[14]。

ところで、上記の増田プランによる問題提起を受けた形で、人口減少時代への対応として、「まち・ひと・しごと創生法」が可決され、内閣府に「まち・ひと・しごと創生本部」が作られた。①若い世代の就労、結婚、子育ての希望の実現、②「東京一極集中」の歯止め、③地域特性に即した地域課題の解決を基本方針として打ち出された。具体的には、中山間地域では小さな拠点、連携中枢都市圏及び近隣市町村定住圏、地域連携やネットワークの形成、大都市圏では地域包括ケアの推進などが提案されており、住民・産官学との連携や自主的な取り組みが強調されている。

そうした目標の実現のために二〇一五年度中に各自治体に対して人口ビジョンと地方版総合戦略の策定が事実上義務づけられた。メニューから選択する方式であり、公共施設老朽化への対応として、公共施設管理計画の策定なども義務づけられている。二〇一五年度は補正予算で地方創生先行型交付金あるいは地方創生加速化交付金が、二〇一六年度からは地方創生推進交付金が導入された。各自治体はＫＰＩ（重要業績評価指標）を設定しなければならず、結果については政府がＰＤＣＡ（Plan Do Check Action）サイクルによって効果を検証していくといったシステムである。自治体間では業績を上げるために競争を余儀なくされ、結果が出せなければ、交付金を削減するという形で進められている。「まち・ひと・しごと二〇一七」においては意欲と熱意のある自治体に対して情報支援、人材支援、財政支援という地方財政版三本の矢で強力に推進し、地方創生の新展開を図るとされている。つまり、国主導で上からの地域間競争を促す戦略であり、自治体の集約や再編が余儀なくされる可能性が大きい。

2　地方創生交付金と成果主義

次に、地方創生交付金についてみておきたい。「まち・ひと・しごと創生法」が施行された二〇一五年度の補正予算において、地方創生先行型交付金（あるいは地方創生加速化交付金）が創設された。その交付金は、各省庁がもつ補助金縦割りを排除するために、内閣府が所轄することとされた。二〇一六年度からは、地方創生推進交付金が導入され、地方財政計画には、まち・ひと・しごと創生事業として交付税措置分も含めて一兆円規模の予算が計上された。企業版ふるさと納税や地方拠点強化税制などの税制改革といった内容も盛り込まれた。

「地方版総合戦略」期間中の五年間は、こうした一兆円程度の予算が維持されることとされている。

地方創生事業の本格的な実施を進めるための財源として、二〇一六年度から地方創生推進交付金として一〇〇〇億円が計上された。二〇一七年度も同じ額の交付金が計上されているが、段階的に「行政改革分」の算定から「地方経済活性化分」へシフトさせること、「取り組みの必要度」に応じた算定から「取り組みの結果」に応じた算定へシフトさせるといった内容になっている。地方創生交付金事業は、地方からの提案に対して内閣府が審査して配分されるもので、地方も費用の半分を負担するため、一〇〇〇億円の交付金の場合、事業費ベースでは二〇〇〇億円規模になっている。具体的には、都市部の高齢者を地方に移住させる受け皿づくりや地域の特産品の販路開拓、一定の地域に人や企業を集めるための公共交通網の整備などに充てられるという内容である。

具体例を示そう。静岡県熱海市は人口約四万人弱の温泉観光都市である[15]。人口の推移を見ると一九六五年をピークに年々減少傾向をたどっている。自然減が続いている一方で転入超過といった状況も見られた。それは現役中に購入したリゾートマンションなどに移住する高齢者が多いためである。したがって高齢化率がきわめて高い。最近では自然動態、社会動態ともに減少に転じている。産業構造をみると、第三次産業人口が八五％を占めており、そのうち観光関連の業種は半分を占めている。観光入り込み客数の減少によって、旅館・ホテル数が減少しており、一九八三年に二〇五件であったのが、二〇一三年には一二一件と急減している。

熱海市ではすでに第四次総合計画（二〇一一〜二〇二〇年度）を策定しているが、前期計画を終えた段階で、後期計画に「地方創生総合戦略」（二〇一五〜二〇一九年度）を組み合わせている。人口ビジョンでは、合計特殊出生率を現行の一・二三から一・五〇にまで上昇させ、二〇六〇年には二万人を維持するという計画になっている。基本目標は観光では温泉一〇〇選一位、しごとでは市内就業者若年者の割合を一五％にすることなどが明記され、くらし、子育て、地域づくりについても具体的な目標値を設定している。しごとでは労働力の確保のKPI（重要業績評価指標）として年間二〇人増加、企業支援による創業は二〇一九年までに一〇件といった数値を設定している。

こうした人口ビジョンと総合戦略に対して、以下の地方創生交付金が支出されている。①地域活性化・地域住民生活等緊急支援交付金（地方創生先行型）として、熱海市総合戦略・人口ビジョン作成事業（一〇〇〇万円）、外国人観光客等受入環境整備事業（一七〇一・四万円）、②地域活性化・地域住民生活等緊急支援交付金（地域消費喚起・生活支援型）団体旅行地位置促進事業（二九一一・三万円）、八名以上の団体旅行客対象とした「熱海で楽しまナイト」クーポン、③地方創生加速化交付金リノベーションまちづくりと融合した創業支援による地域活性化（三〇二〇万円）、日本ＤＭＯ「美しい伊豆創造センター」による広域観光地域づくり事業（一〇〇〇万円）。熱海市に配分された地方創生交付金は総額一億円であり、事業内容をみる限り、少額の事業が多く、ＫＰＩを達成するほどの予算は計上されていないことがわかる。

また、伊豆半島の最南端に位置する南伊豆町では、地方創生総合戦略において、ＣＣＲＣ推進事業を位置づけており、アクティブシニアを対象とした移住計画を進めている。地方創生交付金事業には、共立湊病院跡地等の公有地に、東京都杉並区と連携しながら高齢者の移住を受け入れる施設整備などにあてられることとなっている。南伊豆町では従来から移住政策を進めており、人口自体は自然減となっているものの、若年層も含めて社会増を達成している。つまり従来から一定の定住促進政策を独自に進めてきたのである。[16] 首都圏の高齢者移住を含む政府の「地方創生」政策にとらわれず、独自の内発的発展の道をたどるべきであろう。

3 「国土のグランドデザイン二〇五〇」・集約型国土再編と地方財政措置

さて、「地方創生」と同時並行して進められているのが、国土形成計画と都市計画である。二〇一四年七月に閣議決定された「国土のグランドデザイン二〇五〇」と、それに続く二〇一五年八月の「新たな国土形成計画」において、三大都市圏を結ぶスーパーメガリージョン構想が掲げられた[17]。「グランドデザイン二〇五〇」では、①本格的な人口減少社会に初めて正面から取り組む国土計画、②地域の個性を重視し、地方創生を重視する国土計画、③イノベーションを起こし、経済成長を支える国土計画を三本柱とし、その開発方式として、「対流促進型国土」の形成を掲げている。具体的には、ヒト・モノ・カネ・情報を三大都市圏に集中させ、それをリニア中央新幹線でつなぐことによって、国土利用の効率化を図ることとされ、すでにJR東海が実施主体であるリニア新幹線に対して三兆円の財政投融資が行われた。その特徴は、これまでの国土計画にあるような「均衡ある国土の発展」ではなく、経済のグローバル化への対応や経済成長を最優先させて、国際競争力を高めるために、中央集権型・集約型国土への再編を進めることにあるといってよい[18]。

さらに、日本型コンパクトシティの形成によって居住地域や公共サービス施設を集約化する方針も打ち出された。「経済財政運営と改革の基本方針二〇一六」において、コンパクト+ネットワークの推進が謳われ、二〇二〇年までに全国一五〇の地方自治体における「立地適正化計画」の策定を達成させるといった目標が掲げられている。各省庁横断的な財政支援体制により重点化を推し進めることとされた。

こうした方針を受けて、二〇一七年度からは、「公共施設等適正管理推進事業債」が創設され、二〇一八年度にはその中に「立地適正化事業」が設けられた[19]。二〇一七年度から二〇二一年度までの五年間で、国庫補助事業を補完し、または一体となって実施される地方単独事業が対象となっており、地方債充当率は九〇%、交付税措置率は三〇%である。ここでいう国庫補助事業とは、コンパクトシティの推進に特に資するよう、立地適正化計画に定められた都市機能誘導区域内または居住誘導区域内で実施することが前提となっており、これが補助率嵩上げ等の要件とされている。二〇一八年度からは、さらに交付税措置率については財政力に応じて最大五〇%まで引き上げられることになっている。こうしたしくみは、これまでにも補助金と交付税を組み合わせた財政誘導装置として機能してきたが、現在では、日本型コンパクトシティ形成のための手段となっている。

この公共施設等適正管理推進事業債には、①集約化・複合化事業、②長寿命化事業、③転用事業、④立地適正化事業、⑤ユニバーサルデザイン事業（二〇一八年度新設）、⑥市町村役場機能緊急保全事業、⑦除却事業が含まれており、集約型国土再編を推し進める財政装置として機能しているとみてよい[20]。①集約化・複合化事業は充当率九〇%、交付税措置率五〇%であり、公共施設等総合管理計画、個別実施計画に基づいて行われること、公共施設の集約化及び複合化事業であること、全体として延床面積が減少することといった要件をすべてみたすことが、地方財政措置の条件となっている。しかも、既存施設の廃止が五年以内であることなどとなっており、実施期間は二〇一七年度から二〇二一年度までの五年間である。②長寿命化事業は義務教育施設などの公共施設や河川管理施設などの社会基盤施設が対象で、充当率九〇%、交付税措置率三〇%、⑥市町村役場機能緊急保全事業は一九八一年新耐震基準導入以前に建設され、耐震化が未実施の市町村庁舎の建替え事業、充当率九〇%（交付税対象分七五%）、交付税措置率三〇%などとなっている。地方財政計画には二〇一七年度三五〇〇億円、二〇一八年度にはさらに四八〇〇億円が計上されている。

こうした財政誘導による公共施設等総合管理計画と個別施設計画の策定促進の背景には、市町村合併後の施設全体の「適正化」を推し進めることなどが掲げられている。そこで以下では、平成の大合併期の二〇〇三年に政令指定都市をめざす合併を実施した静岡市を事例に取り上げ、現状と課題を明らかにしていくことにしたい。

四　地方創生総合戦略・集約型都市構造と自治体財政――静岡市の事例

1　地方創生総合戦略と地方創生交付金

静岡市は人口約七〇万人弱の政令指定都市である。「平成の大合併」期の二〇〇三年に旧静岡市と旧清水市が合併し、二〇〇六年に蒲原町、二〇〇八年に由比町を編入して現在に至っている[21]。近年の人口動態をみると、国や県よりも早い一九九〇年頃から人口減少が始まっており、社会減、自然減ともに進行していることが窺える。特に清水区の人口減少は顕著である。主な転出先は東京圏でとなっている[22]。

市は二〇一五年四月に「第三次総合計画」（二〇一五～二〇二二年）を策定したが、それを組み合わせた形で「地方創生総合戦略」を策定している。人口ビジョンによると、二〇六〇年の推計では約四七万人になるとされ、少なくとも二〇二五年には人口を七〇万人に維持するために、六つの基本目標「まちの存在感を高め、交流人口を増やす」「ひとを育て、まちを活性化する」「しごとを産み出し、雇用を増やす」「移住者を呼び込み、定住を促進する」「女性・若者の活躍を支え、子育ての希望をかなえる」「時代にあったまちをつくり、圏域の連携を深める」を掲げている。

こうした地方創生総合戦略に基づいて地方創生交付金が支出されている。表2は二〇一四年度補正予

表2　静岡市地方創生交付金事業（2014年度～2016年度）

2014年度補正　地域活性化地域住民生活等緊急支援交付金（先行型：国予算1400億円）
　静岡市総合戦略策定事業（1000万円）
　空き家バンク構築・活用事業（1000万円）
　南アルプスユネスコパークを活かした交流人口拡大事業（8869.8万円）
　訪日外国人旅行者向け消費税免税店拡大と情報発信力強化・受入環境充実事業（3550万円）
2015年度予算　地域活性化地域住民生活等緊急支援交付金（上乗せ分：国予算300億円）
　静岡型 CCRC 構想推進事業（2000万円）
　静岡都市圏広域 DMO 推進事業（1500万円）
　官民連携インバウンド誘致推進事業（1000万円）
2015年度補正
　海洋産業クラスター創造事業（4400万円）
　特産茶戦略的輸出支援事業（1384万円）
　広域連携による水産物を活用した産業活性化事業（2187万円）
2016年度予算　地方創生推進交付金（国予算1000億円）
　海洋文化拠点関連事業（1275万円）
　就活よろず支援体制強化事業（237.5万円）
　生涯活躍のまち静岡推進事業（150万円）
2016年度補正　地方創生拠点整備交付金（国予算900億円）
　七間町賑わい創出拠点整備計画（3195.6万円）
　生涯活躍のまち静岡推進計画（1250万円）
　駿府城公園周辺ランニング等環境整備計画

（資料）静岡市資料による。

算から二〇一六年度予算までの地方創生交付金事業について示したものである。二〇一四年度補正予算では、先行型交付金として、地域活性化地域住民生活等緊急支援交付金（国全体では一四〇〇億円）として、総合戦略策定事業（一〇〇〇万円）、南アルプスユネスコパークを活かした交流人口拡大事業（八八七〇万円）、二〇一五年度には前年度の上乗せとして、静岡型ＣＣＲＣ構想推進事業（二〇〇〇万円）、二〇一五年度補正からは海洋クラスター創造事業（四四〇〇万円）などが充当されている。二〇一六年度からは地方創生推進交付金（国全体では一〇〇〇億円）、さらに補正予算にて地方創生拠点整備交付金（国全体では九〇〇億円）が予算化され、海洋文化拠点整備事業（一二七五万円）や七間町賑わい創出拠点整備計画（三一九五万円）などに対する地方創生交付金として充当されている。

市へのヒアリング調査によれば、既存の事業に上乗せする形で申請しているものが多く、金額的にも少額であり、細分化されているなど、使い勝手という点では問題の多い補助事業でもある。問題なのは、熱海市の事例でも指摘したとおり、わずかな期間でＫＰＩにもとづいて成果をあげなければならず、総合的な地域づくりを行う財源としては有効性に疑問が残る[23]。そこで、次に合併後から現代までの静岡市財政の特徴を整理しておこう。

2　静岡市財政の特徴

静岡市は二〇〇三年に政令市をめざす大規模な合併を実施して以来、厳しい財政構造が続いてきた。その最大の理由は、三位一体改革による交付税見直しの影響を強く受けたためである。当時、合併特例法の下で合併特例債の七割を交付税措置する仕組みが作られたが、国全体の交付税総額が見直されたことで、計算上は交付税措置がされているとはいえ、交付税削減となってあらわれた。そのため、合併後

表３　静岡市合併特例債事業（2003年度～2012年度）

東静岡地区新都市拠点整備事業	98.7億円
清水駅西土地区画整理事業	32.8億円
静岡駅前紺屋町地区市街地再開発事業	18.8億円
城東エリア保健福祉複合施設整備事業	47.3億円
日本平パークウェイ整備事業	8億円
駿河区役所建設事業	19億円
静岡病院建設事業出資	24億円
小中校舎・体育館耐震化事業（清水地区）	42.4億円
西ヶ谷清掃工場建設事業	103.7億円
消防ヘリコプター整備事業	10.1億円
静岡市立美術館整備事業	13.2億円
蒲原地区市民センター整備事業	12.3億円
JR 草薙駅周辺整備事業	0.8億円
小中校舎・体育館耐震化事業（蒲原地区）	0.5億円
清水駅東地区文化施設整備事業	69.7億円
日本平動物園再整備事業	47.3億円
有度山総合公園整備事業	16.5億円
清庵地区新構想高等学校整備事業	28.4億円
合計	646.8億円

（資料）静岡市資料をもとに作成。

の二〇〇四年には一〇〇億円の財源不足に陥り、その費用を捻出するために、人件費の見直し、公共事業の重点化、サービスの見直し、公共料金の引き上げなどが実施されてきた。その一方で、二〇〇三年度～二〇一二年度までの間に約六五〇億円の合併特例債が発行され、東静岡地区拠点整備事業や清水駅西土地区画整理事業などのプロジェクトが次々と事業化されていったのである（表３参照）。

その特徴を整理すれば以下のようになる。第一に「選択と集中」により拠点地域を中心に社会資本整備が進んだことである。その結果、少なくとも合併後一〇年間は目的別歳出では土木費、性質別歳出では普通建設事業費が増加した（表4）。一人当たり土木費は政令指定都市の中では高い水準となった。

第二に、人員削減計画による自治体リストラが進行したことである。二〇〇五年度から二〇一〇年度までに六八一六人から六三九六人に、二〇一五年度までに六一二〇人まで削減するといった計画に従って、人件費の見直しが進められた[24]。その内容をみると、保育園の民営化、高等学校統合、ごみ収集業務委託、指定管理者制度への移行、非常勤職員の活用などとなっており、その後も、人員削減計画に従って、人件費の削減が進められている。交付税のトップランナー方式導入以前からすでに、多くのサービスにおいて、民営化、アウトソーシング、指定管理者制度への移行などが進められているが、交付税のトップランナー方式導入以降もさらに続いていくこととなる。

第三に、財源不足の拡大による積立金の取り崩しと退職手当債の発行に伴って、さらに行政改革が進められていることである。二〇〇八年から二〇一一年の間に毎年六〇億円から八〇億円の退職手当債が発行されており、その後も九〇億円から一一〇億円の財源不足が続いている。

第四に、地方債現在高が増加していることである。その内訳をみると、通常債が抑制されているのに対して、合併特例債、臨時財政特例債の割合が高くなっている[25]。静岡県がまとめた二〇一六年度における市民一人当たりの将来負担を含む財政負担（地方債＋債務負担行為－積立金を、住民基本台帳人口で割った数値）についてみると、静岡県内では静岡市が五〇万円を超える最も高い数値となっている[26]。

第五に、国民健康保険や上下水道などの公共料金負担が増加したことである。所得二〇〇万円（二人家族）の場合、二六万四二〇〇円（二〇一一年）から三四万一九〇〇円（二〇一二年）、所得三〇〇万円（三人家族）の場合、三八万八九〇〇円（二〇一一）から五二万七九〇〇円（二〇一二年）となるな

表4　静岡市における目的別歳出決算額の推移（2002～2016年度）

単位；千円

	2005年度	2006年度	2007年度	2008年度	2009年度	2010年度
議会費	1,134,491	1,034,917	1,140,672	1,125,019	1,055,448	1,048,358
総務費	21,632,846	20,223,952	23,396,187	27,490,110	29,210,133	22,747,270
民生費	59,045,889	60,686,902	62,072,695	63,195,572	65,866,631	77,684,006
衛生費	21,528,173	21,169,905	24,403,634	33,882,444	31,864,049	24,389,769
労働費	598,984	695,603	662,330	616,762	835,600	1,699,429
農林水産業費	5,135,743	5,079,627	4,344,836	4,749,842	5,637,080	4,965,763
商工費	3,511,553	3,537,992	4,498,764	4,278,324	15,655,973	4,709,106
土木費	63,271,270	67,221,555	71,970,575	68,409,806	69,425,381	60,396,833
消防費	8,906,757	8,883,627	10,860,010	10,269,852	9,493,463	8,965,442
教育費	25,172,956	28,757,317	24,657,174	25,751,675	28,292,448	22,699,247
災害復旧費	456,203	299,455	400,308	543,437	507,833	637,268
公債費	33,110,218	33,700,519	36,828,204	37,401,782	38,000,556	38,767,295
合計	243,505,083	251,291,371	265,235,289	277,714,625	295,844,595	268,709,786

	2011年度	2012年度	2013年度	2014年度	2015年度	2016年度
議会費	1,271,064	1,118,618	1,057,944	1,101,027	1,150,649	1,049,269
総務費	24,194,510	30,374,478	19,754,499	20,719,051	22,605,054	20,919,460
民生費	82,426,649	84,436,620	84,522,260	90,939,460	92,451,317	96,356,071
衛生費	23,916,871	22,801,375	23,553,229	26,481,193	24,884,423	28,020,536
労働費	1,035,560	949,724	807,479	646,002	566,457	485,536
農林水産業費	4,833,841	4,950,084	5,539,918	4,829,847	4,554,189	4,287,619
商工費	4,093,487	5,125,869	3,849,915	4,001,065	4,908,862	3,989,041
土木費	60,154,306	55,219,203	53,463,725	48,814,486	48,906,804	49,442,403
消防費	9,292,105	8,943,935	13,388,561	12,928,795	13,578,654	11,891,681
教育費	22,124,235	23,634,726	22,133,534	22,478,795	22,707,144	21,751,259
災害復旧費	2,071,998	2,151,279	1,148,743	2,112,537	1,104,801	239,219
公債費	38,926,093	39,728,029	40,286,245	39,769,794	39,403,356	38,591,065
合計	274,340,719	279,433,940	269,506,052	274,122,029	276,821,720	277,023,202

（資料）静岡市、清水市、蒲原町、由比町「決算カード」各年度版より作成。

ど、二〇一三年度には国民健康保険料は政令指定都市の中で二番目に高い水準となった。

二〇一八年度静岡市予算をみると、一般会計予算三一二二億円、特別会計二三八六億円、企業会計七七三億円の規模である（ただし、二〇一八年度から国民健康保険事業会計が都道府県単位化に伴って共同事業拠出金などの減少により一四二億円減となっている）。市の予算編成方針によれば、アセットマネジメント基本方針や第三次行財政改革推進大綱に基づく取組を市財政に反映させるとしている。「静岡市重点施策二〇一八」では、世界に存在感を示す三つの都心づくり、つまり、歴史文化の拠点づくり（静岡都心）、海洋文化の拠点づくり（清水都心）、教育文化の拠点づくり（草薙・東静岡地区）といった三つの都心づくりや、人口減少対策などが掲げられており、都心づくりが強調されている。これらの方針は集約型都市構造の形成へとつながっていくこととなる。

3　アセットマネジメントアクションプログラムによる公共施設統廃合計画

静岡市のアセットマネジメントアクションプラン（第一次：二〇一七〜二〇二二年度）では、総資産量の適正化や施設の長寿命化に取り組んでいくとされる[27]。具体的には、二〇一七年度から二〇一八年度に一五、〇〇〇㎡、二〇一九年度〜二〇二三年度までに約三〇、〇〇〇㎡の公共施設面積を縮減する計画となっている。具体的には、学校教育施設（小中学校の統廃合、給食センター民営化）、児童施設（こども園の統廃合・民営化、児童クラブ廃止等）、庁舎等業務施設（本庁舎複合化、支所・出先事務所廃止）などとなっており、具体的に計画対象面積が示されている[28]。

その領域は、福祉、教育、文化施設、庁舎など多岐にわたっており、廃止をはじめ、統廃合や民営化が計画されており、市民生活に及ぼす影響は計り知れない。人口減少時代に入り、既存の施設が老朽化し、統廃合などが求められているのは事実だが、性急な事業計画の実施は市民の生活権を脅かす可能性がある。また、共働きやひとり親世帯が増加している現在において、少子化対策に必要不可欠な施設も多く含まれている。さらに庁舎や拠点病院の集約などは、地域経済や市民生活にも影響を及ぼすため、行政のみならず地域住民も含めた議論が、今後とも引き続き検討が必要となろう[29]。

そこで、最後に、庁舎や病院などの都市機能の拠点地域への集約で問題となっている清水駅周辺地区を事例にみておくことにしよう。

4　拠点地域への都市機能誘導と清水開発計画──津波浸水区域への誘導

第三次静岡市総合計画では、都市計画マスタープランにおいて集約連携型都市構造が掲げられ、立地適正化計画においてコンパクトなまちづくりを進めていくとされている。国土交通省の立地適正化計画においては、集約化拠点形成区域、利便性の高い市街地形成区域、ゆとりある市街地形成区域の設定を行い、二〇一五年度に基本方針、二〇一六年度に集約化拠点形成区域の公表を行い、五年ごとに数値目標に沿って計画が進められているかの点検が行われることとなっている。こうした期限付きの計画と地方財政措置による財政誘導も影響していると考えられる。

静岡市では、こうした国の政策を受けて、六つの拠点に都市機能を集約させる計画になっている。この中で最も議論を喚起しているのが、清水駅周辺地区の開発計画である。市の立地適正化計画では、清水港周辺にある海洋関連産業や教育機関を活かして「国際海洋文化都市」をつくるとされる。清水駅周辺の誘導区域には、市役所（市庁舎）、区役所、総合病院、子育て支援センター、地域福祉推進センター、大学、専修学校、博物館、大規模ホール、図書館などを集約させる計画になっている。

しかし、その内容をさらにみれば、多くの問題が浮かび上がってくる。具体的には、津波浸水区域に清水庁舎と桜が丘病院を移転させ、集約させるという計画になっていることに加え、清水駅前にLNG火力発電所三基も誘致する計画も含まれており、地元で賛否を含めた議論が展開しているのである。

経緯について少し説明しておこう。[30] 桜が丘病院は清水区に三つある市指定の救護病院の一つで、もとは国立病院だった。二〇一四年からは社会保険庁から独立行政法人「地域医療機能推進機構」(JCHO)に運営権が譲渡された。社会保険庁が管轄であった当時、病院が老朽化しているため、二〇〇〇年代初頭に移転先として内陸部の大内新田の農地約二万九〇〇〇㎡を購入していた。しかし二〇一四年に経営権が譲渡されると、不便な立地であるという理由で、移転先を見直すこととなった。病院を運営するJCHOが静岡市に相談したところ、二〇一六年に清水庁舎(跡地)を移転候補地として示された。清水庁舎を清水駅隣の公園に移すことが前提の議論である。二〇一七年、病院を運営するICHOが清水庁舎に移転を発表し、当初の移転候補地である大内新田を放棄する方針であるとした。この間、パブリックコメントも多く寄せられたが、市の方針は変わっていない。

さらに、清水駅前に東燃ゼネラルのLNG火力発電所三基を誘致する計画も浮上した。桜が丘病院は内陸部に立地しているが、清水庁舎も清水駅も海の近くに立地しており、津波浸水区域に指定されている地区でもある。地域防災計画とは関係なく都市機能の集約方針が決定されていたのである。集約化が進められようとしている地域は、静岡市地域防災計画を見れば、津波浸水、液状化、全壊焼失の危険性が指摘されている地区とほぼ重なる。

現在の清水庁舎は「津波浸水区域」(約海抜二メートル)に立地している。第四次地震被害想定では、最大一・四メートルの津波が想定されている。こうしたなかで、地元市民は、市に清水桜が丘公園を移転候補とするよう要望書を提出した。これに対して市（田辺市長）は、用途地域の変更手続きの煩雑さなどを理由に否定したのである。一方、静岡県川勝知事は「人の命」にかかわる問題であるとして、桜が丘公園が望ましいとしている。現在の桜ケ丘病院は海抜八メートルであり、都市公園法の問題は対応できるように配慮するとし、災害時に治療を受けなくてはならない人を運ぶ救護病院を、今の安全な場所から津波が来る場所に移すのは全国的にも例がないとして反対している。現在、「立地適正化計画」にて、まちの集約を掲げる自治体の約九割にものぼる。津波浸水リスクの高い地区にも居住を誘導しており、ハザードマップでは一メートル以上の浸水で床上となり、三メートル以上で二階まで浸水することとなる。

日本経済新聞社（二〇一八）によると、人口一〇万人以上の五四都市対象の聞き取り調査にて、四八市で一メートル以上の浸水想定区域の一部が居住誘導区域であることが明らかになっている。四六市では二メートル以上の区域とも重なる結果となった[31]。大阪府枚方市では居住誘導区域の八五％が一メートル以上で、六割で三メートル以上のリスクがある。地理的な要因で、津波浸水区域を除くことが困難なケースもあるが、広島県東広島市では二〇一八年の西日本豪雨で居住誘導区域に浸水しており、地域防災計画と切り離して、津波浸水リスクの高い地域に居住誘導することに対して疑問を抱かざるを得ない。

静岡市では、東燃ゼネラル三基のＬＮＧ火力発電所を清水駅前に誘致する計画に対して、地元住民が六つもの組織を立ち上げ、積極的に学習型住民運動を展開し、現時点では、中止となっている。しかし津波浸水杭域への都市機能等の集約方針は変わっていない。

これまで、清水駅周辺地区への都市機能集約過程についてみてきたが、移転問題が浮上した時期は、地方創生政策、立地適正化計画、アセットマネジメント政策による集約型国土再編が進められた時期とほぼ重なっていることがわかる。憲法に保障されている基本的人権、生活権という観点から見ても大きな問題であるといえよう。

おわりに

以上、財政誘導装置としての交付税、補助金に焦点を当てながら、合併から集約的国土再編への流れを概括し、静岡市を事例に財政や市民生活に及ぼす影響について検証してきた。「分権改革」の一環として進められた市町村統合再編から、さらに中央集権型システムへの統治機構の再編という動きへと転換しつつあることが明らかとなっている。

少子高齢社会への転換と財政危機を背景に、地方交付税トップランナー方式、地方創生交付金による成果主義、「国土のグランドデザイン二〇五〇」と立地適正化計画による日本版コンパクトシティ政策、拠点地域への都市機能の集約といった政策が進められているが、それは市民生活における災害リスクをさらに高める側面を持っている。

さらには、これら一連の諸政策は、行政部門を縮小させ、非正規雇用を拡大させる側面もある。改めて市町村のもつ機能を重視し、地方財政権の確立と住民主権の必要性が強調されるべきであろう。学習型住民運動として一定の成果を収めつつある市民の動きは今後も注目すべきであろう。

注

（1）本稿の対象は日本の交付税と補助金についてだが、アメリカの補助金と州・地方財政についてはさしあたり

［拙著二〇一二］等を参照。

（2）自民党憲法草案と地方財政に関する議論の詳細については、［拙稿二〇一七］を参照。

（3）交付税のモラルハザード論に関しては、［赤井・佐藤・山下二〇〇三］などを参照。

（4）地方創生、公共施設統廃合、日本版コンパクトシティについて個々の研究は進められているものの、それらがリンクして交付税措置などの財政誘導とともに国土再編を促しているという点について実証的に明らかにした研究は管見による限りあまりみられない。公共施設統廃合と地方財政の関係については、［森二〇一六］等を参照。また公共施設統廃合政策については［中山二〇一六］［中山二〇一七］等が詳しい。

（5）市町村合併と自治体財政については［拙著二〇〇二］［拙著二〇一一］等を参照。

（6）防衛省予算については、防衛省（二〇一八）『我が国の防衛と予算』(https://www.mod.go.jp/j/yosan/2019/yosan.pdf、最終閲覧日二〇一八年一一月一〇日）を参照。

（7）政府予算については財務省ホームページ(https://www.mof.go.jp/budget/budger_workflow/budget/fy2019/、最終閲覧日二〇一九年五月一日）参照。

（8）地方財政計画については、総務省「地方財政関係資料」各年度版を参照。本稿では学会報告時点の二〇一八年度地方財政計画までを対象としている。二〇一九年度からが消費税率一〇％への引き上げに伴う消費税に係る法定率の見直しが行われており、別途検討が必要である。

（9）東日本大震災復興については、［拙稿二〇一六］などを参照。

（10）二〇一九年度からは所得税三三・一％、法人税三三・一％、酒税五〇％、消費税二〇・八％、地方法人税が交付税財源となる。二〇二〇年度からは消費税は一九・五％に変更となる予定である（詳しくは、総務省資料http://www.soumu.go.jp/main_sosiki/c-zaisei/kouhu.html、最終閲覧日二〇一九年五月一日参照）。

（11）地方交付税トップランナー方式については、総務省資料（https://www5.cao.go.jp/keizaishimon/kaigi/

minutes/2015/1127/shiryo_04-2.pdf、最終閲覧日二〇一八年一一月一〇日）及び「地方財政関係資料」各年度版を参照。

（12）地方創生政策の批判的検討については、［保母二〇一五］や［宮本二〇一七］を参照。

（13）増田プランは増田寛也を座長とする日本創成会議による報告書。のちに増田寛也『地方消滅』中公新書にまとめられている。

（14）内閣府（二〇一五）『高齢社会白書』による。

（15）詳しくは、［拙稿二〇一一］及び熱海市人口ビジョン、地方創生総合戦略、熱海市財政課資料を参照。二〇一六年八月に熱海市にてヒアリング調査を実施した。

（16）南伊豆町ヒアリング調査による。二〇一七年三月実施。

（17）国土交通省「国土のグランドデザイン二〇五〇」
（http://www.mlit.go.jp/kokudoseisaku/kokudoseisaku_tk3_000043.html、最終閲覧日二〇一九年五月一日）参照。

（18）リニア中央新幹線開発については［拙稿二〇一八］等を参照。リニア中央新幹線開発では二〇一六年度と二〇一七年度に一兆五〇〇〇億円ずつ合計三兆円の財政投融資が実施され、計画よりも前倒しで事業が進められている。

（19）立地適正化計画については、国土交通省資料
（http://www.mlit.go.jp/en/toshi/city_plan/compactcity_network2.html、最終閲覧日二〇一九年五月一日）参照。

（20）公共施設等総合管理事業債については、総務省資料
（http://www.soumu.go.jp/main_content/000481457.pdf、最終閲覧日二〇一九年五月一日）参照。

（21）合併後の静岡市財政への影響については、前掲［拙著二〇一一］等を参照。

（22）静岡市「静岡市人口ビジョン」および「静岡市地方創生総合戦略」を参照。
（23）比較的財政力指数が大きい長泉町では、地方創生補助金事業の申請自体を行っていない（二〇一七年八月のヒアリング調査による）。
（24）静岡市の人員削減計画、国民健康保険などの資料については、静岡市資料による（二〇一七年八月にヒアリング調査実施）。
（25）静岡市決算カードを用いた財政分析による。紙面の関係上、図表は割愛した。
（26）静岡県市町村課資料による。
（27）静岡市「アセットマネジメントアクションプラン」（二〇一六）参照。
（28）高齢者福祉施設（複合化・統廃合）、障害者福祉施設（民営化）、保健・医療施設（保健福祉センターの廃止、診療所の複合化・民営化）、学校教育施設（小中学校の統廃合、給食センター民営化）、コミュニティ生涯学習施設（統廃合、複合化、民営化）、産業振興施設（統廃合、民営化等）、市営住宅（廃止、民営化等）、児童施設（こども園の統廃合・民営化、児童クラブ廃止等）、スポーツ施設（統廃合・複合化・民営化）、リクリエーション施設（統廃合、民営化）、文化等施設（廃止、統廃合・民営化）、図書館（複合化）、駐車場・駐輪場（統廃合、民営化）、防災・消防施設（複合化）、庁舎等業務施設（本庁舎複合化、支所・出先事務所廃止）
（29）個々の施設の統廃合や民営化がもたらす影響については、別途検証する必要があるため、別稿に譲りたい。
（30）清水庁舎と桜ヶ丘病院移転に関しては、静岡市及び市民へのヒアリング調査による。
（31）『日本経済新聞』二〇一八年九月二日付。

参考文献

赤井伸郎・佐藤主税・山下耕治（二〇〇三）『地方交付税の経済学』有斐閣
岡田知弘（二〇一四）『「自治体消滅」論を超えて』自治体研究社

川瀬憲子（二〇〇一）『市町村合併と自治体の財政―住民自治の視点から』自治体研究社
川瀬憲子（二〇〇八）「『三位一体の改革』と政府間財政関係―『平成の大合併』から地方財政健全化法への動きを中心として」『経済研究』（静岡大学）、二〇〇八年一月号
川瀬憲子（二〇一一）『「分権改革」と地方財政―住民自治と福祉社会の展望』自治体研究社
川瀬憲子（二〇一二）『アメリカの補助金と州・地方財政―ジョンソン政権からオバマ政権へ』勁草書房
川瀬憲子（二〇一三）「被災者・被災地支援と市町村合併」岡田知弘他編『震災復興と自治体―「人間の復興」へのみち』自治体研究社
川瀬憲子（二〇一五）「市町村合併と復興格差をめぐる現状と課題―宮城県下の自治体の事例を中心に」『環境と公害』第四五巻第二号、岩波書店
川瀬憲子（二〇一六）「自民党憲法草案と地方自治・地方財政をめぐる課題」『自治と分権』自治労連・地方自治問題研究機構
川瀬憲子（二〇一六）「大震災後の復興交付金事業と復興格差をめぐる諸問題」綱島不二雄他編『東日本大震災復興の検証』合同出版
川瀬憲子（二〇一七）「地方自治・地方財政と憲法改正をめぐる論点―憲法施行七〇周年に寄せて」『月刊全労連』二〇一七年九月号
川瀬憲子（二〇一八）「大規模開発・リニア中央新幹線開発を問う―静岡県に及ぼす影響を中心に」『住民と自治』二〇一八年五月、自治体研究社
重森暁・関野満夫・川瀬憲子（二〇〇二）『地方交付税の改革課題』自治体研究社
白藤博行・岡田知弘・平岡和久（二〇一九）『「自治体戦略二〇四〇構想」と地方自治』自治体研究社
平岡和久（二〇一九）「地方交付税解体へのシナリオ」白藤博行・岡田知弘・平岡和久『「自治体戦略二〇四〇構想」と地方自治』所収）

保母岳彦（二〇一五）「『地方創生』は国土・環境をどこへ導くか」『環境と公害』第四五巻第二号、岩波書店
中山徹（二〇一七）『人口減少と地域の再編─地方創生・連携中枢都市圏、コンパクトシティ』自治体研究社
増田寛也他（二〇一五）『地方消滅─東京一極集中が招く人口急減』中央新書
宮本憲一（二〇一八）『増補版　日本の地方自治　その歴史・未来』自治体研究社
森裕之（二〇一六）『公共施設の再編を問う─「地方創生」下の統廃合・再配置』自治体研究社
『日本経済新聞』二〇一八年九月二一日付朝刊

（かわせ　のりこ・財政学）

3　北陸新幹線後の金沢経済の分岐点
――観光化する地域の論点――

佐無田　光
（金沢大学）

はじめに

現代日本の地域経済のキーワードの一つは「観光化」である。ここで「観光化」とは、地域経済に占める観光の比重が高まることを示す。製造業、建設業、卸小売業といったかつての基軸部門が雇用吸収力を低下させている一方で、訪日外国人旅行者数は二〇一一年の六二二万人から二〇一八年の三一一九万人へと約五倍に急増し（日本政府観光局）、その旅行消費額は四兆五一八九億円と推計されている（観光庁「訪日外国人消費動向調査」）。また二〇一八年の日本人国内延べ旅行者数は、相次いだ自然災害の影響で前年比一割減の五億六一七八万人であったが、それでも旅行単価が上昇し、観光消費額は二〇兆円を超える規模を誇っている（観光庁「旅行・観光消費動向調査」）。こうした趨勢を受けて、全国各地で観光による地域おこしを図ろうと、イベントが毎日のように目白押しである。

観光客の誘致に絶大な効果があると期待されているのが、整備新幹線や地方空港に代表される地域間の高速交通インフラ網の整備である。二〇一五年における北陸新幹線の長野―金沢間の開通と北陸における観光客の増加は、上記のような「観光化」現象の典型である。北陸新幹線は最高時速二六〇㎞毎時で東京―金沢間を最短で二時間二八分で結ぶ。二〇一五年に石川県の観光客入込数は＋三四一万人（前年度比一六％増）、富山県の観光客入込数は＋五〇九万人（前年度比一八％増）増加した（「統計からみた石川県の観光」「富山県観光客入込数（推計）」）。金沢市では、新幹線効果が持続するとみて、二〇一五年以降二〇二〇年までの投資計画で、ホテル部屋数が四年で三七％増というペースで新規ホテルの開業ラッシュにつながっている。金沢のケースはこの先においても、交通インフラのポジティブな成果としてたびたび引き合いに出される事例になりそうである[(1)]。

しかし、こうした事実をもって広域交通インフラは地域経済効果をもたらすという教訓にしてよいであろうか。新幹線による経済効果に関する多くの先行研究では、計量モデルで直接・間接効果を推計したり、個別のケースをアンケートなどで調査して住民意識の変化や観光戦略を問題提起したりするものが多い[(2)]。しかし、交通インフラがあればどこでも同じような効果が出るわけではない。新幹線効果なるものを一般化することは難しい。そのケースごとの地域的ポテンシャルと時代背景に交通インフラの条件が重なり、さらに人為的操作が加わった結果である。したがって、これらの複合的な効果が今後も持続するかどうか、地域の政治経済システムにいかなる影響を及ぼすかについても、地域ごとに慎重な検討を要する。加えて、地域の「観光化」にはポジティブな要素もあればネガティブな要素もあり、論点を整理しておく必要がある。

本稿では、最初に金沢の地域的ポテンシャルとして内発的発展と文化ストックの蓄積について整理し、次に「地域の価値」が商品化されてくる時代背景について述べる。地域的条件と時代的条件を整理した上で、北陸新幹線の経済効果について他地域の事例と比較しながら検証し、最後に「観光化」の功罪について論点を整理する。

一　地域的ポテンシャル―金沢の内発的発展と文化ストック

交通インフラの地域経済効果を評価する場合に、まずその地域がどういった経済社会文化的なポテンシャルを備えているかを見定めなければならない。交通インフラを有効に活かすためには、その地域の地理的・地政学的なポジションだけでなく、地域の内在的なポテンシャルこそが発展の基盤となる。

金沢は北陸地方に位置する人口約四五万人の中核都市である。加賀藩時代の城下町の雰囲気がいまに残るのは、戦災に遭わなかったためとよく言われるが、近代的な経済開発に伴う地域文化の破壊が少なかったことが大きい。国や大企業の力を借りず、独自の工業化を遂げてきた金沢では、大規模な重化学工業地帯の形成や工場労働者の大量流入はなかった。地域を代表する機械メーカーは他地域から移植されたのではなく、金沢のインナーシティで誕生し、地域内産業連関によって発展してきた。地元中小事業者が地域経済の担い手となり、生産部門だけでなく、本社、金融、商業等が発達し、求心力の高い中心市街地が旧城下町に形成された。

金沢は内発型地域経済を形成することで、富の生産の絶対額はそれほど大きくなくとも、経済の地域内循環を拡大して、比較的ゆっくりとした成長を遂げてきた（中村二〇〇四）。住民層が基本的に継続し、主に街なかで事業を興し、職住近接でコンパクトな都市空間であったことで、まちの歴史や文化に愛着の深い地域共同社会が受け継がれてきた。家業を持つ職住一体型の家庭も多く、彼らが地縁団体を支えてきた。金沢でも高度成長の流れに乗った一九六〇年代には拡張主義的な都市開発の要求が強まったが、都市部の開発が無秩序に進み、金沢らしい風情が失われることを懸念した金沢経済同友会は、一九六六年に「保存と開発委員会」を発足させた。金沢市もこの問題を共有し、一九六八年に日本で最初の都市景観条例である「金沢市伝統環境保存条例」を制定して、中心部の七六・六haを最初の指定区域とした。

一般的には開発機会を求めて規制を嫌い、近代化を推進する側に立つと考えられがちな企業人の少なくない人々が、都市景観保全のために発言し行動してきたのが金沢の特徴である。金沢経済同友会は、一九七六年に「創造と伝統のまち金沢」を提言、一九七八年には都市美文化賞を設立し、その後も「金沢の用水」「金沢の道をいかす」「旧町名復活」などの提言を重ね、政策に取り入れられてきた。単純に観光のためではなく、金沢に暮らす人々のための都市環境を重視し、「都市環境、生活環境の魅力」が「企業がそこに根付く、産業が盛んになる根源」だという思想（金沢経済同友会一九七八、三二頁）から提言がなされてきた（佐無田二〇〇八）。

金沢の経済発展の原動力となったのは、都市コミュニティを背景に異業種が結びつく集積効果である。地域のニーズ（要求）とシーズ（技術要素）を結びつけて、ニッチ（隙間）の産業分野を開拓するのを得意としてきた。大企業はなくとも、中小企業の生産基盤によって得られた経済余剰の一部が、お茶屋やお能など旦那衆の文化消費に回り、彼らは金沢文化のスポンサーとしての矜持を培ってきた。金沢で事業を営む人々ならば、まちに集う企業人同士の業種を超えた横のつながりが自らの仕事の広がりにも役立つこと、「まちの魅力」がビジネス活力の源泉になることを肌身で感じるであろう。地元出身者だけでなく、むしろ地域外から移り住んだ人たちが、金沢の文化に共感し、そこで事業を興し、まちづくり活動に携わり、地域経済の担い手となってきた。

金沢においては、都市コミュニティを結びつける強力なアイデンティティは、地域の伝統と文化への信頼であった。といっても、私有財産権が優先される資本主義社会の下で、コミュニティの自制に任せておくだけでは、伝統と文化の破壊を止めることはできない。そこで、金沢市は自治体の条例で明示的なルールを定めてきた。伝統環境保存区域や近代的都市景観創出区域をはじめ、地区ごとに建物の高さや緑化等の景観形成基準が設けられた。建物を対象とした景観条例や建造物指定保存制度ではカバーしきれない景観に対しては、こまちなみ保存条例（古い建物の並ぶ細街路を対象）、用水保全条例、屋外広告物条例、斜面緑地保全条例、寺社風景保全条例、沿道環境形成条例、夜間景観形成条例といった景観関連条例が整備された。

こうした一連の景観条例はほとんどいわゆる宣言条例で、実現すべき景観の方向性ないし基準を指し示す役割を果たすだけで、法的な規制力は決して強くなかった。実際の制度運用においては、私有権を尊重しながら、市民に協力を「お願い」する形で景観保全が進められた。それでも、宣言条例の下で議論を蓄積することで、守るべき景観の基準は次第に共有されてきた。具体的には、案件に対して、都市景観審議会および七つの専門部会による助言・指導・勧告が行われる。事業者は、たとえ外部資本であっても、審議会の意見を受け入れて活用する場合がほとんどであるという。景観条例には、おおむね金沢のコミュニティが大事にする価値が盛り込まれているため、この地域で事業を円滑に営む上で、景観に配慮し、ある程度は自制しなければならない雰囲気が醸成されている。条例という明文化・制度化された基準と、金沢の都市コミュニティが景観の価値を共有していることで、景観保全のための一定の抑止力が働いてきた。

まとめると図1にあるように、金沢では、①地域内産業連関による内発的発展のメカニズムが、②重層的な都市コミュニティのネットワーク、および、③都市のアメニティとくに文化・景観の外部効果と

図1　金沢の内発的発展と都市コミュニティ

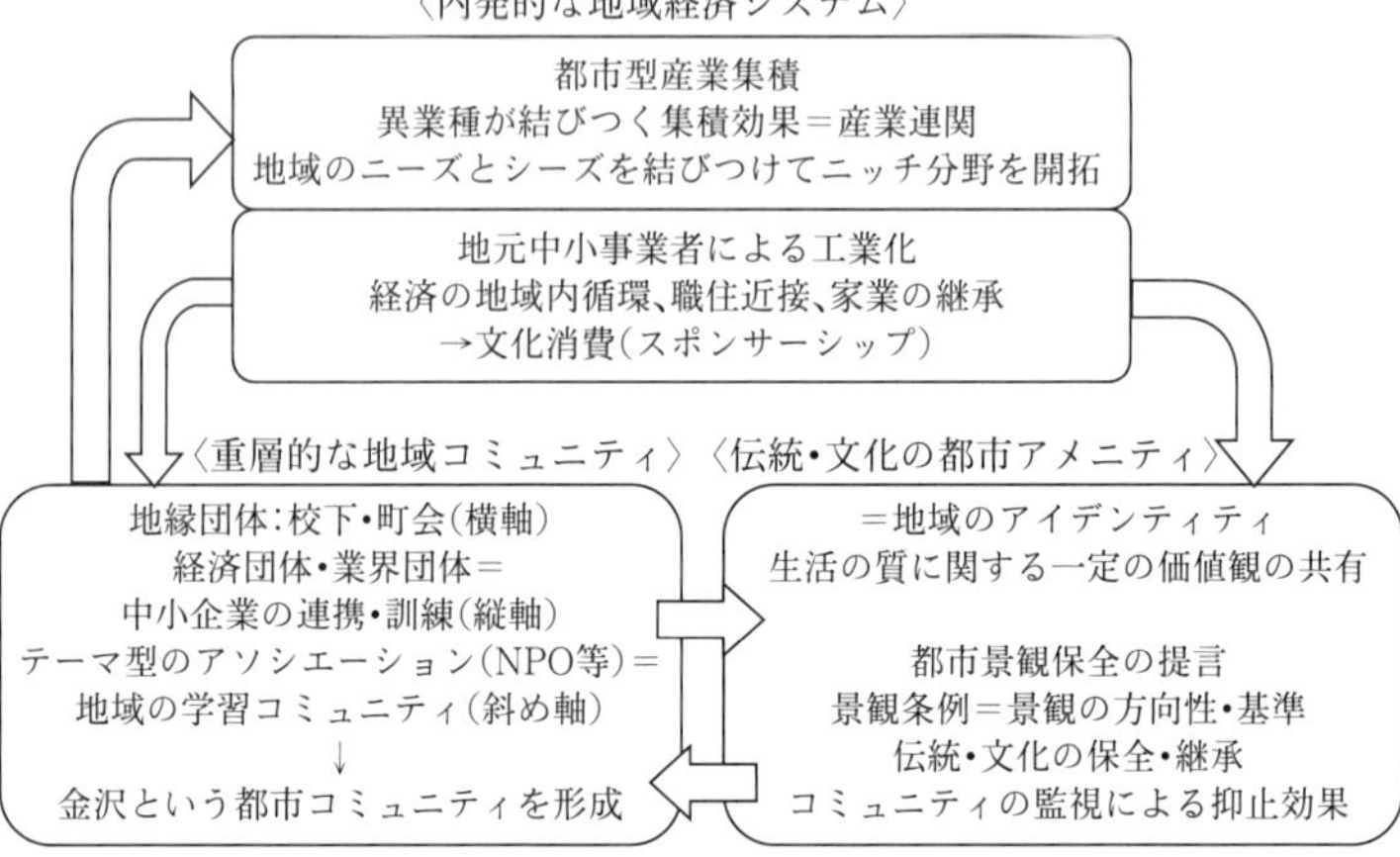

出所：筆者作成。

親和的に、一体となった集積効果を発揮し、これらを結びつける媒介的な制度として、経済団体によるまちづくりの提言や各種景観条例などが機能してきた。③が都市住民の価値観を共有する基盤となって、②のネットワークにまとまりを与え、①の経済的な産業連関効果につながった。また①の内発的な経済基盤があるからこそ、②の都市コミュニティが維持されており、彼らが意識的に③の保全に関与してきた。日本が全体として大量生産体制で開発主義的な経済体制である時代でも、金沢は相対的に環境保全と親和的な地域経済システムを保ってきた。その存立基盤は、上記のような環境―社会―経済の相互作用的な集積効果であった。

　こうした集積構造も不変ではなく、時代の変化に応じていかに適応できるかが問われる。グローバル化とともに地域の基軸産業（製造業・流通業）は一九九〇年代以降、金沢でも成長力や雇用の吸収力を低下させた。手厚い保護政策の対象となってきた伝統的工芸品産業は、バブル経済の崩壊以後、生活習慣の変化に伴う販路の縮小を食い止められず激減し、産地の組合制度自体が工芸作家や職人による自由な経済活動を制約する構造に陥った。また、金沢市は中心部の伝統的景観を守りながらも、郊外の開発を容認してきたため、他の地方都市と同様に住宅、商店、事業所、公共施設の郊外移転が進み、中心市街地の空洞化に直面した。一方で、社会の成熟化が進み、調和・物語性・歴史性など情緒や精神に働きかける「文化的付加価値」の需要が高まり、文化の「創造」や「ビジネス化」を都市経済の推進力に昇華させていくような新たな挑戦が課題となってきた。

金沢市の文化政策の転換点となったのは、二〇〇四年に市内中心部にオープンした金沢21世紀美術館である。当初は既成の会派・流派から「伝統のまちに現代美術はふさわしくない」と強い反発があったが（山出二〇一三）、開館一五年で入館者二五〇〇万人を突破し、地方美術館としては異例の人気を博している。金沢21世紀美術館は、世界に評価される先端的な作品空間でありながら、市民が現在美術に馴染めるオープンな文化的環境を目指すことで、文化活動の容器たる「都市」を、伝統文化の保全だけでなく現代的な文化を創造する場へと意味付けを変える象徴となってきた。

金沢21世紀美術館では、北陸の文化資源としての「工芸」に目をつけ、工芸の現代化・国際化というテーマに力を注いできた。金沢・世界工芸トリエンナーレや「工芸未来派」展を催して、工芸を現代アートの表現メディアの一ジャンルとして意味づけし、地域性に根ざしつつも先端的なアートとして評価されるものを打ち出そうと試みてきた。金沢21世紀美術館の開館を境に、東京から移住してくるクリエイターが増えた。現代工芸、音楽、映像、建築、コンピューターアートなど、多領域にアート活動が広がって、多彩なアーティストやクリエイターたちが作品づくりにとどまらず、まちづくりに携わるネットワークが生まれ、文化まちづくり事業を企画・運営する非営利団体なども育ってきた。

このように金沢では、国内では特徴的な内発型の地域経済によって、暮らしと文化の質を保全しながら発展し、それを基盤にして新しい文化創造のムーブメントを起こそうとしている。金沢は必ずしも観光開発を目指して文化を保全してきたわけではなかったが、画一的な近代化を推し進めてきた日本国内で、このような文化的発展を遂げてきた地方都市は希少であった。こうした地方都市らしい文化ストックが、次に見るように、現代においては人々の消費の対象として評価を高め、「観光化」の素地となっている。

二　時代背景──「地域の価値」を商品化する時代

新幹線の地域経済への影響として、しばしば「ストロー効果」が論じられる。日本では、東北新幹線沿線における仙台への一極集中や、長野新幹線による長野の衰退が事例として取り上げられることが多い。経済学的には、これはホテリングの立地ゲームで説明される現象である(マッカン二〇〇八参照)。図2のように、横軸に一次元の空間を、縦軸に費用(価格)を取る。Aに立地する企業の生産費用とBに立地する企業の生産費用は、それぞれ縦の棒で表されており、Aの方が安い。これに輸送費を加えると、立地点からの距離が離れるほど商品の価格は高くなるので、斜めのラインで示される。AからのラインとBからのラインが交差するXで当初市場は分割されている。ここで交通インフラの建設によって輸送費が下がると、斜めのラインの傾きが下がり、Aに立地する企業の方が全ての地点で価格が下回り、市場はAの企業に独占される結果となる。Bの地域から見ると、交通インフラによって地元の市場が吸い上げられたように見える。

しかし、現実には、市場は同質の一商品で成り立っているわけではなく、企業は差別化戦略を取る

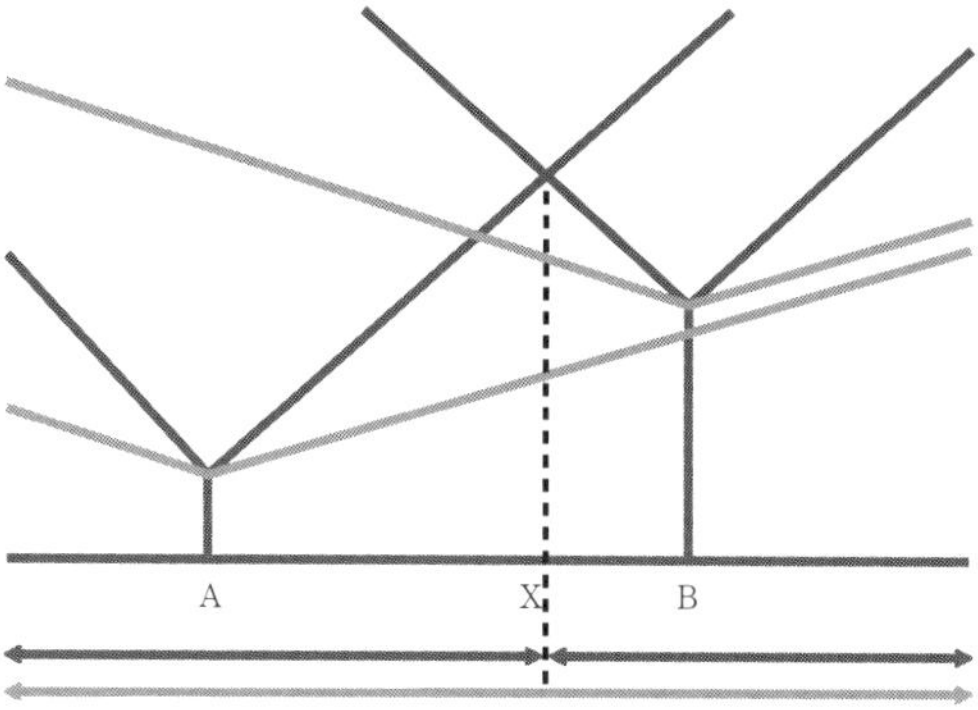

し、企業がどこに拠点を立地するかは、集積条件や市場圏や原材料へのアクセスなど輸送費以外の多様な要素も関わってくるので、簡単には決まらない。ストロー効果がどういう形で生じるかは、地域の産業構造や時代背景の違いによって一様ではない。

東北新幹線の東京―盛岡間が開通した一九八〇年代は[3]、いわゆる支店経済都市化が進み、仙台だけでなく、福岡、札幌、広島といった地方中枢都市に広域圏の一極集中が強まった時代であった（高原一九九九）。当時新幹線のなかった札幌でも仙台以上に一極集中が進んでいたため、仙台一極集中を新幹線の影響だと限定することはできない。同様に、長野新幹線の開通後、長野県内の事業所数が約一割減少したことで、ストロー効果の事例とされることがあるが[4]、当時一九九〇年代後半の長野経済は、産業構造の転換に伴って製造業、建設業、観光業の基軸三部門が衰退していた上に、オリンピックに伴う公共事業費の膨張から田中康夫県政による急減へと激変した時期であり、新幹線の影響だけを抽出することは難しい。経済構造の変化の方がより大きな意味を持つことは明らかであり、新幹線効果を分析する際に、時代背景を検証しておくことは不可欠である。

図2　ストロー効果の説明（ホテリングモデル）

A　X　B

北陸新幹線の開通した二〇一五年時点の時代状況はどうであったろうか。一言でいうならば、「地方消滅」（増田二〇一四）と呼ばれるような危機の中で、逆にローカルへの眼差しが注目され、「観光化」の進む時代であった。それまで地方圏の経済を支えてきた全国的な垂直分業体系の崩壊傾向が長期化し、人口減少に拍車がかかり、地域経済の根本的な見直しが余儀なくされてきた。二〇一一年から二〇一六年の五年間だけで、地方圏全体で約八三万五千人分の従業者数が純減した。いちばん減少幅が大きいのは卸・小売業であり、建設業、運輸・郵便、製造業と続き、生活関連サービスなども大きく減らした。地方圏経済を支えてきた単独事業所の数は激減し、本社・支社を持つ企業に集約されてきた。

一方で、二〇一一年の東日本大震災以後の特徴的な動向として、「ローカル志向」(松永二〇一五)といわれるように、「地域」に注目が集まった。藤山(二〇一五)や小田切・筒井(二〇一六)が「田園回帰」と呼ぶように、都会と対極的な「ローカル」な色合いの濃い末端の離島や山間部を好んで移住する人の流れが特徴的である。「ローカル志向」の背景には、日本経済が新しい社会統合モデルを見出せず、不完全な制度改革のために人々が仕事と生活に疲弊している実態がある。既成の資本主義的生産・生活様式から離脱することを望む人々が増えており、彼らが向かうのは「ローカル性」を残す地方都市や農山村部である。地方移住を目指す先鋭的な人々だけでなく、緩やかに「ローカル」体験を求める一般的な消費者層も増えている。テレビやレジャーランドなどの「作り物」の体験が溢れて陳腐化するなかで、身近に体感されなくなった日常的地域性こそが「レアな経験」として人々に好まれるようになっている。

山﨑朗と鍋山徹は、地域の自然、歴史、文化、伝統、街並み等々に潜在する「プレミアム価値」を発見・発信・創造して、付加価値として実現させることを「地域創生のプレミアム戦略」と呼ぶ。「本物に近い」ローカルな生活体験が、一種の贅沢品として高価な価格で完売するような事例が報告されている。地域の中で「価値がないと思われていたものが実はプレミアムな価値を、安価な商品・サービスが素晴らしい価値を、古いものが新しい価値を、ローカルなものがグローバルな価値を有している」（山崎・鍋山二〇一八、一頁）。

いまや「もの」は飽和し、生産過程が価値を生むのではなく、既にあるものに「意味づけ」を与える行為こそが価値を生む。地域の生活の中に、自然環境や歴史と一体となった、素朴であるが本質的な「地域性」を見出し、これに「意味づけ」を与えると、多くの人が知識や情動を消費しに訪れる。「ふるさと感」や「さいはて感」であったり、歴史的な雰囲気とか一昔前の懐かしい雰囲気などが、ローカルなストーリーと一体となり、そこに飲食や宿泊などのサービスが付くことで、地域性が大量に消費される時代になった。「暮らすように旅したい」というニーズや、体験型観光、コアな嗜好に焦点を当てるニッチ・ツーリズムなど、個人・家族単位の旅行形態が一般的になっている。

消費者のローカル志向に加えて、安倍政権の「地方創生」政策によって、地域資源に根ざした様々な地域おこしが、国の旗振りで競争的に推進される状況が生じた。政府の予算がつくため、それに便乗する企業もあれば、なかにはローカル性を生かした新しい魅力形成を手伝うために手弁当で協力しているコンサル企業もいるが、いずれにせよ地域づくりがビジネスとして注目される時代がやってきた。東京のビジネスサービス（メディア、広報、情報サービス、商社、旅行代理店等々）やコンサル企業は、海外の顧客にサービスを提供する割合が低く、国内市場で稼いでいるのが実態であるが（佐無田二〇一四）、地域活性化は彼らにとっての数少ない市場フロンティアの一つになっている。

これに拍車をかけているのが外国人観光客の急増である。国連世界観光機関（ＵＮＷＴＯ）の報告書「ツーリズム・ハイライト」によれば、二〇一七年の国際観光客到着数は八年連続の増加で延べ一三億二六〇〇万人となり、一九九八年の六・一億人から二倍以上に成長した。世界の観光支出は一兆三四〇〇億ドル（約一七六兆円）に上り、世界三位の輸出部門だという。外国人受入数ランキングで日本は二〇一三年時点で世界二七位であったが、二〇一七年には一二位と急上昇している。国際観光客数が増える要因としては、新興国のボリュームゾーンにおける所得の向上、ＬＣＣ（格安航空会社）の就航やビザ要件の緩和や円安等による旅行費用の低下、テロや災害などのリスクを忌避した訪問地シフトなどが挙げられる。こうした動向を踏まえて、日本政府は「明日の日本を支える観光ビジョン」（二〇一六年）で、訪日外国人旅行者を二〇二〇年には四〇〇〇万人、二〇三〇年に六〇〇〇万人にするという目標を掲げている。

北陸地域においては、このような時代背景の下で、新幹線という交通インフラ拡充の機会に遭遇したわけであるが、このタイミングは計画的なものではなかった。当初は一九七三年に地方五路線の整備計画が決定されたが、オイルショック等経済状況から着工を見合わせざるを得ず、長い期間塩漬けになっていた（佐無田二〇一五）。ようやく一九九八年に上越まで、二〇〇〇年に富山まで、二〇〇四年に白山まで着工が決定し、実に計画から四〇年以上過ぎて二〇一五年に金沢開業が実現した。北陸新幹線は、「ローカル」ブームと「観光化」の時代に、「遅れて」登場した交通インフラであった。

北陸新幹線によって、単に東京との移動が利便になったというだけでなく、これを「ブーム」として利用しようとするキャンペーンなどの人為的操作が加わった。石川県では二〇一三年に県債として住民参加型市場公募債「北陸新幹線みらい応援債」を発行して四〇億円を完売し、これに県六〇億円、県内市町二〇億円の出資を加えて一二〇億円の新幹線開業ＰＲファンドを設立した。県はこのファンドを使って、日本橋・京橋まつりと連携した大規模な開業ＰＲイベントなど東京中心にキャンペーンを展開した。金沢市では、二〇〇七年から「金沢魅力発信行動計画」を策定し、開業直前には北陸新幹線金沢開業プロモーションＣＭの作成や金沢城プロジェクションマッピング等の事業を展開した。自治体と連動して地元の観光協会等も独自にプロモーションを行った。

こうした地元のキャンペーンの努力は他県と比べても計画的であったと評価できるが、これよりも特筆すべきは、中央のメディアや大企業がこれに追随したことである。北陸に「商品価値」があると見定めた中央資本の動きは、素早く大々的であった。ＪＲグループのデスティネーションキャンペーンが北陸三県をフィーチャーしたことをはじめ、テレビや雑誌が次々と新幹線に乗じて北陸特集を企画した。中央のメディアがキャンペーンに乗じたのは、北陸の地域振興を応援しようとしたためではなく、そこに消費者のニーズを捉えて、北陸のストーリーを商品化することが、自らの媒体の売り上げや視聴率に寄与すると見込んだためであった。

つまり純粋な交通インフラ効果だけでなく、官民連動したキャンペーン合戦が地域の「観光化」を後押ししたと言える。キャンペーンの全くない新幹線の開業だけだったらどれだけの効果があったのか、あるいは在来線のままこれだけのキャンペーンが打たれたら効果はどの程度あったのか、両者を分離して効果を計測することは難しい。

ここまでをまとめると、もともと金沢には内発的発展の下で保全されてきた伝統・文化と新しい文化的創造のムーブメントなどの地域的ポテンシャルがあり、垂直統合モデルで支えられてきた地域経済が危機になる中で、「ローカル」への関心と「観光化」の波が来ていたという時代背景があった。そこに、たまたま北陸新幹線という広域交通インフラが遅れて登場し、これを機に地域ポテンシャルをアピールするキャンペーンなど人為的操作が重なったことで、相乗的な「新幹線効果」の発生につながった。

三　北陸新幹線による経済効果の検証

新幹線の経済効果は、建設による波及効果と、開業によって旅行客が増加する効果とに分けられるが、数字としては圧倒的に前者の方が大きい。富山県は新幹線建設事業の波及効果として約八七〇〇億円という数字を出している。これは建設事業のみの効果であり、全額地元で受注した場合という前提である。北陸新幹線建設にかかわる富山県負担の累計が一九五〇億円に上るが、それを上回る経済効果があったと主張されている。新幹線の開業による集客効果よりも、建設に伴って動くお金のほうが遥かに大きいということをまずは押さえておかなければならない(5)。

これに対して開業効果はどの程度か。まずは開業前の予測を見ておこう。石川県で二〇〇七年に調査された「新幹線開業影響予測調査」によると、首都圏からの石川県への入込客数は二〇〇五年に約六〇万人であるが、それが五一%増、約三一万人増えると予想されていた(6)。五割増しという予測は、それまでの新幹線開業実績値に基づいて、首都圏からのアクセス時間などで表現されるモデル式を作成して見積もられた数字である。東北新幹線、山形新幹線、秋田新幹線、長野新幹線、九州新幹線の先行実績が調査され、山形県、秋田県、長野県の数値を使ってパラメータが作られている。約三一万人という数字は、首都圏以外からも含む入込客数全体からみると、約一割増となる。この数字に一人あたり観光消費額をかけ合わせて、その生産誘発額が一四八億円と推計された。他方で、石川県からの流出分がマイナス二七億円と見込まれ、差引で一二一億円プラスの経済効果があるとされた。この数字は県内生産額全体の約〇・二%に当たる。

開業一年前の二〇一三年三月に、日本政策投資銀行が同様の試算で、石川県内に年間約一二四億円、富山県内に年間約八八億円の経済波及効果がもたらされると予測し、おおよそ同程度の金額を見込んでいた。また、北陸経済研究所も独自に試算を行なっており、石川県は一八二億円、富山県は一一八億円とやや多めに算出していた。いずれにせよ、先行する新幹線の実績値に基づく事前予測としては、増加訪問者数として三〇~三五万人程度というのが妥当なラインと見られていた。

他地域のケースの実績を見ると、青森県では、東北新幹線が新青森駅まで開通したのが二〇一〇年一二月であるが、二〇一一年の観光入込客数はマイナス七・八％であった。同年三月に発生した東日本大震災の影響を受けたためである。九州では、二〇一一年三月に九州新幹線が全線開業した。九州七県の二〇一一年度の観光消費額は、予想を上回る＋一一％となった。やはり東日本大震災による観光の西日本シフトが影響したと見られている。鹿児島地域経済研究所によれば、九州新幹線開業による鹿児島県内への経済効果は、宿泊客数が平均的だった二〇〇九年度と比べて一九〇億円の押し上げがあったとされる。県外宿泊客数は、家畜伝染病の口蹄疫などで観光客が激減した前年度と比べると＋二一％、観光客が平均的であった前々年度と比べると＋八％であったという。こうした実績によれば、新幹線開業の効果は、おおよそ観光の一割程度であり、経済構造の変化や他の変数の影響によって大きく左右されることがわかる。

さて、これら事前の予測に対して、北陸新幹線の開業効果は実際にはどうであったか。ＪＲ西日本の発表によれば、開業から一年間で北陸新幹線の利用者数は在来線特急との比較で三一四万人から六九〇万人に増えると当初予想されていたのが、実際には九二六万人（長野以降）[7]と、予想を大きく上回った。対照的に航空便の利用者が下がったため、それを割り引く必要があるが、それでも予想以上の増加であった。なお二年目八二九万人、三年目八五七万人、四年目八六九万人と、一年目よりは鈍化したが依然高水準を保っている。

金沢市の観光地における主要三施設の利用者数を見ると、兼六園で九一・八万人、金沢城公園で一〇二・一万人、金沢21世紀美術館で五三・五万人増加し、その後もその水準を維持している（表1）。観光庁の宿泊旅行統計調査によれば、石川県における延べ宿泊者数は、七五四万人（二〇一四年度）から八七三万人（二〇一五年）、八七〇万人（二〇一六年）、八七三万人（二〇一七年）と推移している。いずれも観光客数がおよそ一〇〇万人程度は確実に増えたことを示しており、これは事前の予測（およそ三〇万人増）を大きく上回っている。[8] 先述の石川県の「新幹線開業影響予測調査」では、プラスマイナス一〇数％程度の誤差が見込まれていたが、誤差の範囲をはるかに超えており、それまでの国内の他の新幹線と比べても、北陸新幹線では完全に突出した（ほとんど異常値的な）効果があったことを示している。

表1　金沢市の主要観光施設別利用者数（千人）

	2014年	2015年	2016年	増減（14-16年）
兼六園	1,970	2,888	2,962	＋918
金沢城公園	1,241	2,262	2,260	＋1,021
金沢21世紀美術館	1,679	2,214	2,580	＋535

出所：石川県『統計からみた石川県の観光』平成28年版より作成

石川県における観光入込客の発着地別推計によれば、全体で二九七・六万人増加し、その内訳としては、首都圏から一八五万人増えているのが中心であるが、その他地域からも八六・三万人、関西圏からも二一・五万人増えているように、キャンペーン効果によって、首都圏以外の地域からも観光客が増えたことを見て取れる（表2）。

日本政策投資銀行は、新幹線開業後の二〇一六年に改めて新幹線開業後の観光需要拡大による石川県内の経済波及効果を推計して公表しているが、その結果は六七八億円（直接効果四五四億円、間接一次

表 2　石川県における発着地別観光入込客数（千人）

	2014年	2015年	2016年	増減（14-16年）
県内	9,559	9,810	9,462	－97
隣県（富山・福井）	2,869	2,970	2,971	102
首都圏	2,419	4,542	4,269	1,850
関西圏	2,521	2,714	2,736	215
中京圏	1,963	2,003	2,006	43
その他	2,280	2,979	3,143	863
合計	21,611	25,018	24,587	2,976

出所：石川県『統計からみた石川県の観光』平成27年度版、平成28年版より作成

効果一四四億円、間接二次効果八一億円）と、事前予想（一二四億円）をはるかに超過する結果となった（日本政策投資銀行二〇一六）。計算の仕方は事前予想と同一ではなく、各種の仮定に基づく数字であり、特にインバウンド客の観光消費単価を過大に見積もっているのではないかなどの問題はあるが、[9]それでも予想を大きく超えたことは確かであろう。なお、この数字は県内生産額（産業連関表二〇一一年ベース）の〇・八四％に相当する。日本の経済成長率が長期的に一％前後で推移していることを鑑みれば、観光だけでこの数字はかなりの大きさである。

では、この効果はどの程度県民に還元されているか。県民経済計算から宿泊・飲食サービス業の県内総生産を抜き出してみると（表3）、二〇一四年から二〇一五年にかけて一四三億円増加している。そのうち県内雇用者報酬は一七五億円増加したのに対して、営業余剰等は六三億円の減少となっている。宿泊・飲食サービス業は主に対人サービスで成り立つが、予想よりも急激な需要の増大に応えるため、事業者側が人件費を増やしてこれに対応したことを示唆している。

厚生労働省の賃金構造基本統計調査によれば、石川県の賃金水準（二〇一五年：二八六・六千円）は全国（三三三・三千円）に比べて一四％ほど低いが、その中でも宿泊業・飲食サービス業の賃金水準

表３　石川県における宿泊・飲食サービス業の県内総生産（百万円）

	県内総生産	県内雇用者報酬	営業余剰等
2014年	124,954	59,458	37,015
2015年	139,248	76,955	30,706
増減	＋14,294	＋17,497	−6,309

出所：内閣府「県民経済計算」より作成

（二四〇・八千円）は石川県平均よりさらに一六％ほど低い。ただし石川県の宿泊業・飲食サービス業の賃金水準は、二〇一三年（二二三・九千円）と比べると二〇一七年には二四七・五千円に上がっており（全国平均は二六五・五千円）、若干改善している。ホテル業界では人手不足が顕著な問題となっている。石川県では二〇〇〇年代を通じて全体として一人あたり県民雇用者報酬が下がり続けてきたが（二〇〇一年度をピークに二〇一二年度までにマイナス一八・二％下落）、二〇一三年度四三四万円から反転し、二〇一四年度四五七・八万円、二〇一五年度四六八・八万円と改善の傾向を見せている。

さらに観光客の増加を受けて、二次的な投資効果が発生している。新幹線開業後も観光客が好調であることを見定めて、金沢市ではホテルの新設投資が活発化している。日本政策投資銀行（二〇一七）のレポートによると、判明しているだけでも少なくとも約三七〇億円規模の設備投資が行われる見込みである。二〇二〇年までに計画されているホテルの投資が全て完了すると、二〇一五年末に約九八〇〇部屋だった市内の客室数は、三六〇〇部屋程度の増加が見込まれ、合計で約一三四〇〇部屋に達するという。これによって、人口四五万人の金沢市のホテル客室数が人口二三一万人の名古屋市のホテル客室数を上回る数になる（金沢市二〇一九年四月調べ）。オフィス需要も急回復した。不動産サービスのＣＢＲＥのレポートによると、二〇〇九年に最大で二五％を超えていた金沢市のオフィス空室率は二〇一〇年代に劇的に改善し、二〇一六年に一〇％を下回り、二〇一八

表４　金沢都市圏における小売・観光業の生産額の推移（億円）

	生産額（①）	圏域内生産額に占める比重	圏域内波及効果（②）	合計（①＋②）
1980年	1,493	5.9%	522	2,015
2000年	1,499	3.0%	417	1,916
2005年	1,791	3.5%	628	2,419
2011年	2,193	4.4%	592	2,785

注１：小売・観光業：小売、宿泊業、飲食サービス、娯楽サービス、その他個人サービスの県外向け移輸出額の合計。
注２：金沢広域圏の範囲は、石川中央広域市町村圏（金沢市、かほく市、白山市、野々市町、津幡町、内灘町）。
注３：産業連関分析の手順については、碇山・佐無田・菊本編（2007）p.141―142の脚注９）を参照。
資料：「石川県産業連関表」「国勢調査」「事業所・企業統計調査報告」「経済センサス」「工業統計調査」「商業統計」各年版をもとに推計。

年一―三月期には五・二％と二〇〇三年の調査開始以来の最低値を記録した。

金沢経済の中で観光業はどの程度のインパクトを持っているであろうか。先述したように、金沢には内発型工業化の歴史がある。地域産業構造の柱となる移輸出部門は機械・部品工業、卸売・運輸業、小売・観光業等で構成され、生産誘発部門の中ではビジネスサービスの比重が大きいという特徴を持つ。この中で小売・観光業の割合は一般に思われているほど大きくはなく、石川県産業連関表等をもとに金沢都市圏の産業構造を推計・解析すると（表４）、小売・観光業の移輸出額の比重がもっとも大きかったのは、実は「観光立県」が謳われた一九八〇年頃であり、一四九三億円を生産し、圏域内生産額の五・九％を占めていた。その後、小売・観光業は期待されたほど成長せず、一般機械や電気機械の移輸出が地域経済を牽引してきた。二〇〇〇年の時点で小売・観光業は一四九九億円とほとんど伸びておらず、圏域内生産額に占める比重は三・〇％に後退していた。しかし、二十一世紀に入ってから、大河ドラマ「利家とまつ」効果や金沢21世紀美術館の開館などを経て、二〇〇五年には一七九一億円で三・

五％、二〇一一年には二一九三億円で四・四％と次第に比重を高めてきた。産業連関表の二〇一六年の最新データは二〇二一年にならないと公表されないが、二〇一一年以上に比重を高めていることは確実だと思われる。金沢の「観光化」の動きは、北陸新幹線の開通に先んじて二〇〇〇年以降に顕著であることがわかる。

以上をまとめると、北陸新幹線は、それまでの国内新幹線と比べても「異常値」と言えるほどの経済的インパクトを、予想を超えて金沢に与えたと言える。それほどの効果が生じた要因としては、地域的ポテンシャルと時代背景と人為的操作の組み合わせによる特殊な条件であったというのが本稿の分析である。近代的開発から残された独特の地域文化と、「ローカル」ブームと「観光化」のタイミングとが功を奏して、内外の関係者がこのストーリーに追随した相乗効果であった。他の地域、他のタイミングで、交通インフラがこれほどの効果を及ぼすかといえば、一般的な教訓にすべきではないであろう。

北陸新幹線は、地域経済の底上げにも一定の貢献をしたと評価できる。短期的には企業の営業余剰よりも雇用者報酬にプラスの影響を与えていた。経済効果は一次的なものにとどまらずに二次的な投資効果に及び、地域産業構造の「観光化」を後押ししている。では、こうした「観光化」のインパクトは、長期的に地域経済の持続可能性にどのように影響するであろうか。

四　北陸新幹線の功罪──「観光化」をめぐる金沢の論点

これまで見てきてように、北陸新幹線の開通を機に金沢では地域経済の「観光化」に拍車がかかっているが、これは必ずしもポジティブな側面だけではない。地域経済の「観光化」の長期的な影響を見定めることは、今の時点ではまだ検証材料に乏しく難しいが、小論の最後に、金沢のケースに即しながら、「観光化」の功罪に関わる論点を検討・整理しておきたい。

第一の問題は、オーセンティシティ（真正性）に関わる論点である。画一性、硬直性の批判に対して、人びとは個性、差異性、商業化されていない本物性を希求するようになった。地域における「オーセンティシティ」とは、歴史的背景と結びついた地域の特質であり、それが形成するイメージや雰囲気である。オーセンティシティには、伝統、多様性、相互作用、自然発生的であることという四つの要素があるとされる（山出他二〇一五）。人々の生活の営みの中で自然に形成されてくる潜在的な過程こそが重要である。ズーキンによれば、「オーセンティシティ」とは、「生活と労働の継続的なプロセス」であり、この継続性がなくなったときが「都市が魂を失うとき」であるという（Zukin, 2010, 訳書 p.16）。

例えば、伝統的建造物の町家や長屋を、現代的なライフスタイルに応じて、リノベーション（改造）やコンバージョン（用途転換）することで、カフェや小物店などに活用し、まちの魅力を高めようという再生事業が各地で進められている。保存された歴史的町並みの「文化的付加価値」を外部経済として利用することで、事業者は集客力・宣伝力などの経済的メリットを享受することができる。これは人通りの少なくなった歴史的街区の再生等には有効な手法であるが、安易に進めるとコミュニティが「観光空間」化してしまう恐れがある。金沢市の東山では、観光客向けの店舗が一〜二軒ある頃は問題なかったが、近年になってカフェや土産物品店などの用途転換の事例が一気に加速し、そこに新幹線開業にあわせて大々的なキャンペーンがされたことで、金沢のシンボルアイコンを消費しに観光客が大挙して押しかける事態になった。

もともと金沢では、景観条例を一つの基準として、地域コミュニティによる暗黙の「価値の共有」と「自制」とが、文化的景観を守る基盤であった。これは、コミュニティの調和を破ってまで自己利益のための事業をやっても金沢ではうまくいかないという地域的な制度条件が成り立っていたためであったが、スポット的な資本の流入が、短期的な経済利益に流れやすくする状況を作り出した。東山ひがし地区と市はまちづくり協定を結び、用途の制限、屋外広告物の規制、物品販売の内容等を定めてまちづくりの秩序を守ろうとしてきたが、ルールの範囲内で、個々の事業者（地元の事業者がほとんど）が少しずつ従来の秩序を逸脱する商売に挑戦して、それらが積み重なってきた結果、およそ遊郭の雰囲気とは異質な、喧騒的な観光空間に変質してきた。東山の文化的な価値はもともと、伝統的建造物群の景観だけでなく、お茶屋の文化と暮らしの営みとコミュニティが作り上げてきた独特の奥ゆかしい雰囲気（文化的景観）にあった。観光客数が増えれば店の収益率は上がるが、地価も高騰し、それまで自制によって街の雰囲気を守ってきたコミュニティの秩序が危機にさらされる。

観光地化によって文化的な固有性が損なわれる現象は、観光産業一般に内在するパラドックスである。観光に限らず、文化の商品化が成功すると、追随者が現れ、文化的要素が一般化・同質化されていくが、これが行き過ぎると、生活空間が経済空間に押し込まれ、本来は暮らしの精神であるはずの文化の源泉は劣化する。そのため、文化のビジネス化を持続的に成功させるためには、逆説的であるが、文化のビジネス化が行き過ぎないための非経済的な仕組みや組織を一層強化しなければならない。観光需要管理などの新たな公共政策の枠組みとともに、コミュニティが議論を重ねて、都市の文化の保全と創造のバランスを取っていくマネジメント力をより高めていく必要がある。

「観光化」の第二の問題は、過剰投資の見極めである。北陸新幹線が開業するまでは実はホテルの供給は抑制気味であった。日本政策投資銀行（二〇一七）は、開業直後は、金沢市内では増加していく観光客に対応するだけの宿泊キャパシティが足りない状態となり、観光客を宿泊客として完全に取り込むことができなかった可能性を指摘している。ところが当初様子見していた資本も、観光入込の好調さが持続していることを受けて一斉に動きはじめ、一変してホテルの新設計画が相次いでいる状況にある。個々の企業の経営判断としては慎重に行動した結果だとしても、それがいくつも同時期に重なることで、今度は投資が過剰になる恐れがある。同レポートでは、ある程度の需要の伸びを前提したとしても定員稼働率・客室稼働率の全国平均以下への低下は避けられず、「場合によっては、過大投資という見方さえできるかもしれない」と指摘している(10)。

都市の容量に対する観光の負荷が従来よりも高まっていることから、金沢市は、「金沢の歴史、伝統、文化など固有の魅力を高めるとともに、市民生活と調和した持続可能な観光の振興を図る施策に要する費用に充てるための法定外目的税」として、二〇一九年四月から宿泊税を課税することを決定した。一人一泊につき、宿泊料金が二万円未満のものは二〇〇円、宿泊料金が二万円以上のものは五〇〇円課税される。市内の旅館、ホテル、簡易宿泊所、民泊など全ての宿泊施設の利用者が対象である。宿泊税は全国の自治体で導入の動きがあり、経済的には多少なりとも需要抑制効果があるはずだが、どのように作用するかはまだ定かではない。市は税収を金沢の歴史的街並み・景観保全や観光振興などに活用する方針であるが、観光資源への有効な再投資になるかどうか今後の検証が必要である。いずれにせよ「観光化」投資の適度なバランスを取っていくことは、都市のサステイナビリティにとって重要な論点となってこよう。

「観光化」の論点として第三に、地域間分業の問題がある。観光の経済効果に関しては、観光に投じられたお金がどこに回っていくかを考慮する必要がある。「統計からみた石川県の観光」によれば、二〇一六年の観光消費額は三一一五億円であるが、その内訳は、三〇％が宿泊費、二七％が飲食費、二

図3　石川県における観光消費額の内訳

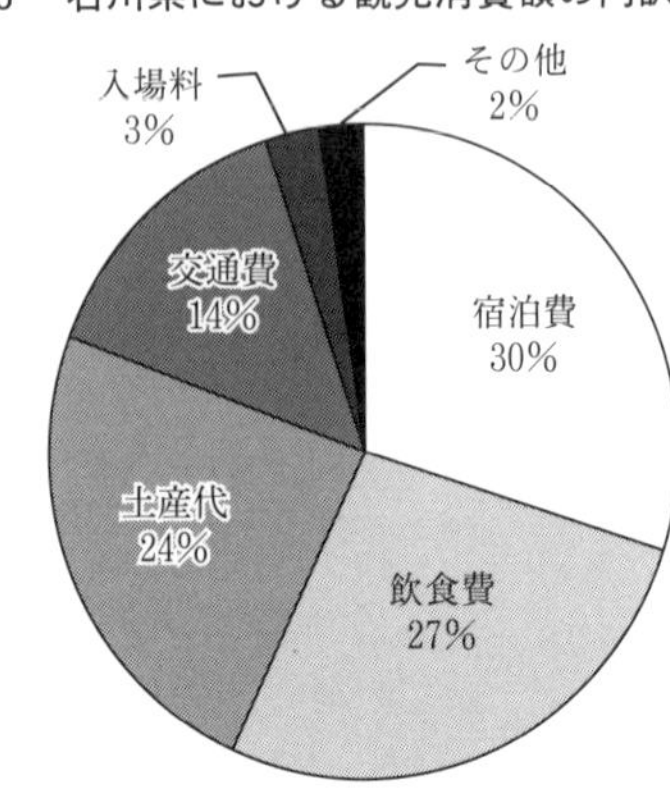

出所：「統計からみた石川県の観光」平成28年版より作成。

四%が土産代である（図3）。とくに最も金額の大きい宿泊費の中身が問題となる。エージェントを使う宿泊業者は、自ら顧客を獲得する手間を省ける代わりに、旅行代理店やネット宿泊予約業者に手数料を支払い、パック旅行価格の引き下げを甘受する。ホテルチェーンの利益が本社地域に移転されたり、価格を抑えるために飲食料品を地元調達しなかったり、あるいは、広告、情報管理システム、さまざまな設備や備品を揃えるために地域外の業者を使ったりするならば、宿泊業の売上は必ずしも地域内経済循環に回らない。

二〇〇五年以降作成されていないために古いデータしかないが、地域間産業連関表を使って、観光業の地域間分業の構造を見ることができる（表5）。地域間産業連関表では、観光業を構成する宿泊業や飲食店は「対個人サービス」部門に分類され、対個人サービスに対する地域外からの購入＝移輸出額には、旅行者が観光消費した分が含まれる。対個人サービスの移輸出額がもっとも大きいのは実は関東地域である。対して、対個人サービスの生産誘発の行き先（＝どこから資材調達しているか）を追うと、関東以外の地域の対個人サービス移輸出の地元地域内への波及率は四～六割で、およそ半分程度は域外に流出しており、とくに関東への流出がどの地域でも二～三割あることがわかる。他地域の対個人サービスから関東地域への生産誘発額五八一二億円は、北海道や東北の観光関連産業（A＋C）の規模を上回る規模である。

表5　各地域における対個人サービスの移輸出額とその生産誘発額の帰属

（単位：億円）

地域	移輸出額 (A)	生産誘発額 (B)	域内波及額 (C)	波及率 (C／B)	関東への流出額 (D)	流出率 (D／B)	他地域から域内への生産誘発額
北海道	2,667	1,858	1,070	58%	439	24%	966
東北	3,363	2,323	1,166	50%	731	31%	1,410
関東	22,519	15,570	11,634	75%	—	—	5,812
中部	9,077	6,105	2,986	49%	1,571	26%	1,960
近畿	12,749	8,731	4,947	57%	1,638	19%	2,572
中国	2,850	1,910	869	45%	380	20%	1,258
四国	1,411	962	411	43%	205	21%	727
九州	5,100	3,551	2,081	59%	649	18%	1,591
沖縄	1,435	1,138	623	55%	199	18%	66

資料：経済産業省「平成17年地域間産業連関表」より作成

日本は歴史的に垂直的な国内分業を構築してきたため、地方で観光需要が増えると、ビジネスサービスの集まる関東とくに東京に需要が波及する構造になっている。たとえ新幹線で地方の観光客が増えたとしても、産業連関を通じて潤っているのは東京の業者だという実態がある。地方の「観光化」は、日本では一極集中構造を再生産する可能性がある。この構造を変えるには、観光に関わるビジネスサービスをどの程度地元で提供できるかが問われる。旅行商品の企画・流通、広告・出版・デザイン、プロモーション事業、情報サービス、地元食材調達などの専門的事業者がどのくらい地元で力をつけることができるか。現在の金沢におけるホテルラッシュもほとんどが地域外部の資本によって担われているが、宿泊サービスは多様化しているので、独自の地域らしい旅行サービスの発展が望まれる。

三点目と関わって、最後の論点は、都市の集積効果である。交通インフラだけでなく経済仲介機能が集積している都市こそが交流の拠点となる。新幹線が客をつれてくると受け身で期待している間は、地元の主体性は生まれない。逆に、新幹線という条件を利用して、東京からの人材還流を図りつつ、これまで地方都市では弱かったビジネスサービス機能を地元で高め、都市の集積効果を更新できるかどうかが、今後の発展性を規定する。

金沢では、例えば、「工芸」の世界的中心地を目指した戦略が採られており、21世紀金沢工芸祭や工芸アートフェア金沢などのイベントが行われている。前者は、普段は一般に開放されていない町家などの場所を借りて工芸作家の作品を演出・展示する「工芸回廊」、金沢の食文化と工芸を組み合わせた「趣膳食彩」、会場やテーマに趣向を凝らして新しい茶の文化を提案する「金沢みらい茶会」など、工芸という資源を他の文化視点と組み合わせて新しい文化的価値の可能性を提案している。工芸アートフェア金沢は、国内唯一の工芸に特化したアートフェアであり、国内外のギャラリーが集まって、若手から世界的なアーティストまで一〇〇名以上の工芸作品を展示販売するイベントである。世界中のどこよりも金沢に来れば最先端の工芸情報を得られるという拠点性を目指している。

これらの事業で特筆すべきは、運営を大都市の大企業やコンサルタントなどに依存せず、地元の事業者やアーティスト、専門家らが集まってＮＰＯや実行委員会を組織し、多様な主体が参加・提案できるようなプラットフォーム機能のデザインやコーディネートを自学自習で工夫しているところである。「工芸」という文化のニッチ領域に目をつけた地方都市らしい戦略であり、内発的発展の伝統を受け継いだポスト工業化の挑戦である。新しいアート系の工芸は、デザインの各方面に取り入れられて、「文化的付加価値」を生産するグローバルな分業の一端を担っていく可能性があるが、ニッチかつオリジナルな取組みであるゆえに試行錯誤が求められる。新幹線という条件を有効に活用するもしないも、地元の経済主体の工夫・戦略・行動にかかっている。

注

（1）北陸新幹線の開業効果を扱った先行研究として、江川（二〇一八）、栗田（二〇一八）、寒河江・藤生（二〇一八）、藤澤（二〇一五）、円満（二〇一六）、佐無田（二〇一五）、江村（二〇一五）、鯉江（二〇一二）など。

（2）比較的最近の業績を挙げておくと、中央新幹線沿線学者会議（二〇〇一）、齊木ほか（二〇一一）、奥田・宇佐美（二〇一三）など。

（3）一九八二年に大宮—盛岡間が開業し、一九八五年には上野—大宮間、一九九一年に東京—上野間が開業した。

（4）例えば、藤澤（二〇一五）六〇—六三頁参照。

（5）一方で、北陸新幹線金沢開通に伴って在来線は四つの第三セクター鉄道会社に受け継がれ、石川県では三〇億円、富山県では六五億円の基金を積んだが、赤字経営が続いている。建設事業の経済効果が一過性であるのに対して、地元負担はこれからも累積していく

（6）開業影響予測調査は、国土交通省の「全国幹線旅客純流動調査」に基づいている。これは、空港・駅・バス・高速道路を通って何人出入りしているかを調査したもので、純流動数である。これに対して「新ほっと石川観光プラン」（二〇一〇年）は、県で集計している観光入込客数を使って首都圏誘客五〇〇万人、観光消費額三二〇〇億円という目標値を掲げた。これは、県内の主な観光地点を訪れた人の数字を足し合わせて計算されているため、調査される観光スポットの数が増えるほど、観光客の数も増えているように見える数字である。このように観光の経済効果に関しては、曖昧な数字で議論されることが多いことに注意が必要である。

（7）小松空港の利用者数は二〇一四年度の一七五万人から二〇一五年度は一一二・四万人に、富山空港の利用者数は八二・五万人から四九・五万人に減少した。

（8）なお、新幹線開業効果の予測に使われた「全国幹線旅客純流動調査」は二〇一〇年度を最後に、二〇一五年度からは「幹線鉄道旅客流動実態調査」に移行したが、「全国幹線旅客純流動調査」では除外されていた「通

勤・通学」や県内移動利用客の数値を含んでおり、交通機関間の乗継者数の調整も行われていないため、この資料を使って結果の数値比較はできない。

（9）インバウンド客の消費単価については、観光庁「訪日外国人消費動向調査」から推計されているが、来日中の消費単価を全て石川県で消費したものとして換算されているように見られる。小松空港を離発着に使用する場合でも、外国人は国内を何箇所か回るのが通常であり、消費単価をそのまま掛け合わせて推計するのは、地域経済効果としてみると過大評価である。

（10）ただし、この時点では、客室稼働率の水準は新幹線開業前の水準に戻る程度であり、「ホテル過剰」とまで言えるような状況ではなかった。過大投資になるかどうかは、これからの需要動向次第である。

参考文献

碇山洋・佐無田光・菊本舞編（二〇〇七）『北陸地域経済学』日本経済評論社。

江川誠一（二〇一八）「北陸新幹線金沢開業効果と今後の課題」『地域公共政策研究』二七号、七九―八二頁。

江村敬司（二〇一五）「北陸新幹線金沢開業が呼び込んだ経済効果を探る：紆余曲折の半世紀を経て夢が膨らむ」『理念と経営』一一六、六六―七一頁。

小田切徳美・筒井一伸（二〇一六）『田園回帰の過去・現在・未来』農山漁村文化協会。

円満隆平（二〇一六）「地方の計画　北陸新幹線の金沢までの開業効果と課題」『計画行政』三九（一）、五八―六一頁。

奥田隆明・宇佐美俊介（二〇一三）「東海道新幹線が地域経済に与えた長期的影響の事後評価」『日本地域学会第五〇回年次大会学術発表論文集』

金沢経済同友会（一九八七）「金沢からカナザワへ」。

栗田善吉（二〇一八）「北陸新幹線開業効果に関する一考察」『東京交通短期大学研究紀要』二三、二一―二七頁。

鯉江康正（二〇一二）「北陸新幹線延伸に伴う地域経済への影響分析」『地域研究：長岡大学地域研究センター年報』一二、一七―四一頁。

齊木功・仮屋﨑圭司・今井寛樹（二〇一一）「整備新幹線の開業効果―東北新幹線・九州新幹線」『運輸と経済』七一（一〇）、三三―四〇頁。

寒河江雅彦・藤生慎（二〇一八）「観光産業で見る北陸三県」『データで振り返る北陸の五〇年』一般財団法人北陸経済研究所。

佐無田光（二〇〇八）「文化のまちづくりと地域経済―金沢を事例として」『環境と公害』岩波書店、三八巻一号、三七―四三頁。

佐無田光（二〇一四）「日本の国民経済システムと東京経済の変化」日本地域経済学会『地域経済学研究』第二八号、一〇―二五頁。

佐無田光（二〇一五）「北陸新幹線の開通と地域経済への影響」基礎経済科学研究所『経済科学通信』第一三八号、九―一四頁。

高原一隆（一九九九）『地域システムと産業ネットワーク』法律文化社。

中央新幹線沿線学者会議（二〇〇一）『リニア中央新幹線で日本は変わる』ＰＨＰエディターズグループ。

中村剛治郎（二〇〇四）『地域政治経済学』有斐閣。

日本政策投資銀行（二〇一六）「北陸新幹線金沢開業による観光活性化が石川県内に及ぼす経済波及効果」。

日本政策投資銀行（二〇一七）「北陸支店レポート：北陸新幹線開業を契機とした金沢市内におけるホテル投資動向」。

藤澤和弘（二〇一五）『北陸新幹線レボリューション』交通新聞社。

藤山浩（二〇一五）『田園回帰一％戦略』農山漁村文化協会。

増田寛也（二〇一四）『地方消滅』中央公論新社。

マッカン、フィリップ（二〇〇八）『都市・地域の経済学』日本評論社。

松永桂子（二〇一五）『ローカル志向の時代』光文社。

山﨑朗・鍋山徹（二〇一八）『地域創生のプレミアム戦略』中央経済社。

山出保（二〇一三）『金沢の気骨』北國新聞社。

山出保＋金沢まち・ひと会議（二〇一五）『金沢らしさとは何か』北國新聞社。

Zukin, Sharon（二〇一〇）*Naked City: The Death and Life of Authentic Urban Places*, Oxford University Press.（内田奈芳美・真野洋介訳『都市はなぜ魂を失ったか』講談社、二〇一三年）

（さむた　ひかる・地域経済学）

4 地域の支え合い活動と事業者の既得権防御
――NPO等による移動サービスの現在――

嶋田暁文
（九州大学）

問題の所在

1 地域公共交通の危機的状況

①マイカーの普及や、②（とりわけ地方における）人口減少、人口流出、少子高齢化などにより、利用者が減少したことで、地方部の地域公共交通は危機的状況に陥っている。[1]

しかし、こうした事態に対し、当初、多くの自治体は、極めて受け身的な姿勢であった。いわゆる「需給調整規制」（参入退出規制）[2]の下、民間事業者に公共交通を丸投げしてきた多くの自治体は、状況が変わっても〝これからは自治体こそが地域公共交通の維持に主体的に取り組まなければならない〟という認識を十分に持つことができなかったからである。民間事業者の撤退意向に対し、赤字路線に対する運行費補助を行うことで路線維持（＝赤字路線の延命）をお願いするといった「対症療法的対応」に終始することが多かったのは、そうした受け身的な姿勢の表れである。

しかし、財政的余裕がない自治体としては、いつまでも民間事業者の赤字分の欠損補助を出し続けることはできない。そこで、多くの自治体は、路線バスを「コミュニティバス」で代替する、という方向に向かっていった。「コミュニティバス」とは、交通空白地域・不便地域の解消等を図るため、市町村等が主体的に計画し運行するバス（乗り合いタクシー（一〇人以下の車両）を含む。）のことである[3]。

しかし、コミュニティバスをめぐっては、しばしば「空気を運んでいる」と揶揄されるように、当初想定した利用者数とはほど遠い実績にとどまるケースが多い。収支率が二〇％を切るケースも珍しくなく、どこの自治体でも、維持のための財政負担が増大している。

そこで、自治体が次に目を付けたのは「デマンド型交通」であった。「デマンド型交通」とは、予約があった場合にのみ運行する方式で、相乗りを前提とする形態である。しかし、マッチングのためのコストが大きく、路線バスと比べて利用者一人当たりの輸送コストが高い。そのため、たとえば、中部地方では、二〇一三年段階で、デマンド型交通を導入済みの市町村の約七割がすでに見直しを検討しているという状況であった（国交省中部運輸局二〇一三：三―五、一六）[4]。

かくして、各自治体による地域公共交通維持の取り組みには、手詰まり感が否めない。

「公共交通は、採算性のとれる範囲内で民間事業者が担うもの」という発想が根強い日本では、「赤字であっても、税金でしっかりと地域公共交通を維持していくべき」という発想は容易に受け入れられない。しかし、民間事業者が撤退するほどの路線であれば、当然、赤字は避けがたい。にもかかわらず、「赤字をいつまで垂れ流すのか」といった批判が外から浴びせられるため、自治体担当者としては途方に暮れてしまうのである。

こうした中、地域公共交通の衰退は、「その地域に住み続けられるかどうか」を大きく左右する問題として、地域住民の大きな不安を惹起している。

2　移動制約者の「移動の自由」の確保問題

一方、地域公共交通が仮に維持されていても、それが十分に使えない、もしくは、全く使えない人々もいる。たとえば、足の不自由なお年寄りはバス停までの距離が遠ければそこまで歩けないし、障害者・児や要介護者の中には、付き添い等が必要な人々が少なからずいる。(5)

こうした移動制約者の数は年々増加しており、今後も、移動ニーズはますます高まっていくものと予測されている。対応は急務であるが、バスや鉄道などの一般的な地域公共交通では、これらのニーズへの対応は困難である。ドア・トゥ・ドアの個別輸送で、付き添い等を行うような交通モードが必要なのである。

3　本稿の問い

以上述べてきた二つの背景から、近年、「もう一つの選択肢」として期待されているのが、NPOや住民団体や社会福祉協議会等（以下、「NPO等」と表記する。）による、「地域の支え合い活動」としての移動サービスである。

これは、大きく分けて、①道路運送法上の「登録」をした上で実施される自家用有償旅客運送（福祉有償運送・交通空白地有償運送）と、②（「登録」を要しない）「互助」による輸送（＝移動サービス）という二つの形態に分かれる。

両者の違いは、端的に言えば、「運転手が運送に対する対価を受け取ることができるかどうか」という点にある。前者①は、運転手がいくらかの対価を受け取ることができるが、後者②は、受け取ることができない。逆に言えば、運転手が運送の対価を受け取れるようにするためには、自家用有償旅客運送の「登録」をしなければならないのである。

対価なしということになれば、運転手の担い手確保が困難となり、持続的なサービス提供は困難になるように思われる。つまり、サービス提供の持続可能性を追求するならば、選択すべき形態は、自家用有償旅客運送になりそうである。

ところが、現在、移動サービスに取り組むＮＰＯ等の世界では、自家用有償旅客運送の形態への期待感は薄れ、「互助」による輸送（＝「登録不要」の形態）を模索する動きが強まっている。これは一体どういうことなのであろうか。

この問いに答えるとともに、「ＮＰＯ等による移動サービスをめぐる現在」を明らかにすることが本稿の目的である。

一　自家用有償旅客運送―なぜ広がらないのか？

1　自家用有償旅客運送とは？

まずは、「自家用有償旅客運送」に馴染みがない読者のために、その説明から始めることにしたい。

「自家用有償旅客運送」制度は、二〇〇六年五月一二日に成立した改正道路運送法（同年一〇月一日施行）によって創設された。「自家用有償旅客運送」とは、①自家用車を用いて、②有償で、③運送（＝移動サービス）を行うものであり、「福祉有償運送」、「公共交通空白地有償運送」、「市町村運営有償運送」の三種からなる（道路運送法施行規則四九条、五一条）。ＮＰＯ等がとり得る形態は、市町村運営有償運送[6]以外の二種であるので、以下では、これらに限定して見ていくことにしよう[7]。

まず、「福祉有償運送」とは、障害者、要介護者、要支援者のうち、他人の介助によらずに移動することが困難であると認められ、かつ、単独でタクシーその他の公共交通機関を利用することが困難な者のうち、名簿に記載されている者及びその付添人を運送するものである。運転だけでなく、車の乗降介助などを組み合わせてサービスが提供されるのが特徴であり、個別輸送（乗客は通常一人で、介添人が乗車する場合もある。）の形態をとる。運行主体は、ＮＰＯや社会福祉協議会などである。

「公共交通空白地有償運送」とは、過疎地域その他の交通が著しく不便な地域において行う、当該地域内の住民、その親族その他当該地域内において日常生活に必要な用務を反復継続して行う者のうち、名簿に記載されている者及びその同伴者を運送するものである。利用者が、エリアに着目して設定されており、障害者等に限定されない点が特徴である。実際の運行形態は、コミュニティバスに近いものもあれば、個々の自家用車で個別に利用者を輸送する福祉有償運送に近いものまでかなり多様性がある。運行主体は、ＮＰＯや社会福祉協議会、認可地縁団体などである。

節を改め、自家用有償旅客運送制度が創設されるに至った経緯等を簡単に確認した上で、この制度をめぐる問題点を見ていくことにしよう。

2　運営協議会問題

ＮＰＯ等による移動サービスは、障害者や体の不自由な高齢者など、普通のバスや電車の利用が困難な移動制約者を対象に、車を使って外出支援を行う活動として、一九七〇年代から自然発生的に取り組まれるようになった。ただし、これらの活動は、いわゆる「白タク」行為として摘発されるリスクにさらされていた。道路運送法旧・八〇条が、「自家用自動車は、有償で運送の用に供してはならない」と定めていたからである。しかし、障害者等に対するタクシーの乗車拒否すら珍しくなかった時代だったこともあり、実際には、黙認されていた。

このような状況が変化したのは、第一に、二〇〇〇年にスタートした介護保険制度により、乗降前後の介助をすることでお金になる状況が生まれたためである。これによって、NPO等はタクシー業界からライバル視されるようになった。第二に、二〇〇二年二月に施行された改正道路運送法で需給調整規制が緩和されたことで、タクシー間の過当競争によるパイの奪い合いが生じてしまったためである。タクシー業界は、過当競争で疲弊する中、〝残ったわずかなパイを自分たちから奪っているのではないか〟として、移動サービスを実施しているNPO等を敵視していったのである。

タクシー事業者の不満が具体的な形で現れたのが、〝宮城県山元町でNPO法人が移動サービスを実施していたところ、それをタクシーが追跡し、金銭授受の状況を写真で撮って警察に通報した〟という事件であった（『河北新報』二〇〇二年九月二〇日）。

これに焦った移動サービス実施団体（NPO等）は、結束して、合法化に向けた働きかけを始めた。詳細は省くが、苦労の末、特区を通じて「例外許可」を認めさせることに成功した。そして、最終的には、二〇〇六年の道路運送法改正による、「自家用有償旅客運送」制度の創設を勝ち取ったのである。(8)

これによって、移動サービスは、正面から合法化されることになった。一定の要件さえ満たせば、国土交通大臣による「登録」を受けて合法的に活動することができることとなったのである。移動サービスはこれを機に広がっていくように思われた。ところが、実際に生じたのは逆の結果だったのである。

二〇一七年三月現在、全国で、福祉有償運送を行っている団体は二四六五団体、公共交通空白地有償運送を行っている団体は一〇六団体である（国交省調べ）。まず、公共交通空白地有償運送の実施団体数が極めて少ないことが分かる。一方、福祉有償運送団体は多いと思われるかもしれないが、かつて、同様のサービスを実施している団体は、全国に約三〇〇〇近く存在すると言われていた。つまり、こちらも伸び悩んでいるのである。なぜであろうか。

その最大の原因は、現行法制で、「運営協議会の合意」が登録要件になっている点にある。すなわち、「法定三事項」（＝①必要性、②運送の区域、③対価の基準）について、タクシー事業者を中心とする運営協議会のメンバーが「合意」してくれない限り、申請団体は登録することもできないし、登録後、対価基準等を変更することもできないという仕組みになっているのである。

タクシー事業者等は、〝自分たちのパイを奪われたくない〟という思いから、容易には「合意」してくれない。たとえば、ガソリン価格の高騰ゆえに福祉有償運送団体が対価基準の変更を申請しても、変更後の対価基準が法令等の基準に適合しているにもかかわらず、それを容易には認めない運営協議会が、従前決して珍しくなかった。また、過疎地域においては、当該自治体内に営業所を持つタクシー事業者が、タクシーで対応すればよいとして、タクシー台数の少なさからニーズに対応できないことが明らかであっても、公共交通空白地有償運送の導入を一切認めないことが多々ある。

さらに、全国各地の運営協議会では、「セダン型車両（一般車両）の使用は認めない（＝福祉車両のみ使用ＯＫ）」、「車両に表示する『有償運送車両』の文字は、マグネットではなくペンキで表示すること」など、さまざまな「ローカルルール（上乗せ基準）」が設けられた[9]。そして、これを申請団体が遵守しなければ「合意」しないといった「他事考慮的判断」が行われることによって、有償運送団体の活動が著しく制約・限定化されたのである（＝「ローカルルール問題[10]」）。

3　改善に向けた取り組み

上述のような運営協議会の運用は、極めて不当であり、違法性の疑いが強い。たとえば、運営協議会を主催するのは自治体であるが、そこでさまざまなローカルルール（上乗せ基準）を設け、それを遵守しなければ合意しないという運用は、「普通地方公共団体は、義務を課し、又は権利を制限するには、法令に特別の定めがある場合を除くほか、条例によらなければならない」と定める地方自治法一四条二項に反するのではないか。また、そもそも他事考慮によって、「法定三事項」についての判断を行うこと自体も違法なのではないか。このように疑問は尽きない。

そこで、移動サービス団体の全国規模のネットワーク組織である「全国移動サービスネットワーク」（一九九八年設立）（以下、「全国移動ネット」と表記する。）は、国交省に対して繰り返し改善要望を行ってきた。これに応える形で国交省は、二〇〇九年五月二一日付で二つの通知を発出した。自動車交通局旅客課長通知「運営協議会において定められた独自の基準に対する考え方について」および同「福祉有償運送に係る運営協議会における協議に当たっての留意点等について」がそれである。前者は「ローカルルール」について、後者は「運送の区域」、「旅客の範囲」、「運送の対価」等についての国交省の考え方を示したものである。

しかし、結論的に言えば、いずれも、現場にはあまり大きなインパクトを与えなかった。そこで、国交省は、二〇一一年一月二三日に「運営協議会における合意形成のあり方検討会」を設置した。そして、そこでの検討の結果を踏まえ、自動車交通局旅客課長通知「自家用有償旅客運送制度の着実な取組みに向けての対応について」（二〇一一年六月三〇日）が発出された。ローカルルールについては、第一に、各運輸支局において、ローカルルールの検証結果および適切な見直しの進捗状況について、①

ローカルルールの内容、②ローカルルール設定の経緯、③判定結果、④判定理由、⑤今後の対応方針、⑥対応結果等について、ローカルルール検証結果報告書（様式第一号）により、毎年三月末現在における検証の推進状況を運輸局に報告することとされ、第二に、運輸局において、報告内容を類型ごとに整理したローカルルール検証結果総括表（様式第二号）を作成し、運輸支局からの報告書を添付し速やかに本省に送付することとされた。

これによって、極端なローカルルールが排除されることになり、わずかな改善は見られた。だが、大勢にはほとんど変化がなかったのである。

4　「手挙げ」方式による事務・権限の移譲

こうした中、「もしかしたら、状況が打破されるかもしれない」という淡い期待と「より悪化してしまうかもしれない」という圧倒的な危惧の両方を惹起する事態が生じた。[11]二〇一四年五月二八日に成立した「第四次一括法」により、自家用有償旅客運送の登録に関する事務・権限が、希望する自治体に移譲されることになったのである。

だが、結論から言えば、上記の二つの期待と危惧は、いずれも外れたと言わざるを得ない。というのも、事務・権限の移譲に手を挙げた自治体自体が少なかったからである。その数は、二〇一七年四月現在で、全国でわずか一九自治体にとどまる。[12]

しかし、自治体が手挙げに消極的であるのは、自治体が怠慢だからというだけではないかもしれない。というのも、国交省は、この間、〝当該権限移譲が行われたとしても自治体が法令の独自解釈をすることは想定していない。事務・権限の移譲は、あくまで手続きの簡素化のためである〟と主張してきたからである[13]。

これは、第一次分権改革における機関委任事務制度の廃止の意味を全く解しない主張である。当該事務は、「自治事務」として移譲されるのであり、移譲されれば、各種通知文は自治体にとって技術的助言にとどまるのであって、法令の自主解釈は可能なはずである。

ただ、このような国交省の主張を前提とすれば、自治体にとっては、移譲を受けても、単に余分に仕事が増えるだけであり、全くうまみはないことになる。積極的に手を挙げる気にはなれないであろう。

実際、内閣府が、第四次一括法から二年あまりが経過したことを踏まえ、自家用有償旅客運送に係る登録等事務・権限移譲後の活用状況やそのメリットについて、事務・権限移譲を受けた上記一九自治体にアンケート調査を行ったところ、「運送主体（市区町村やNPO等）にとって、身近なところで登録等が受けられるようになり、利便性が高まる」と答えた自治体が一一自治体存在していたが、過半数を超える自治体が該当するとしたメリット項目はこれにとどまっている（内閣府二〇一七）。

ただ、その次に多かったのは、七自治体が該当するとした三項目であり、それは、「運送主体（市区町村やNPO等）にとって、手続期間が短縮され、迅速に登録等が受けられる」、「権限移譲を受けた地方公共団体にとって、自家用有償旅客運送の登録等について、地域のまちづくりや福祉施策と併せて検討できる」、「権限移譲を受けた地方公共団体にとって、登録・監督事務を通じて、運送主体や利用者の生の声がダイレクトに入るようになり、自家用有償旅客運送をめぐる実情や課題を把握でき、適切かつ円滑な対応が可能となる」というものであった。これをみると、事務・権限移譲に全く意味がないというわけでもないようである。

注目すべきは、五自治体が該当するとした「地域のニーズや実情に合わせた柔軟な登録基準の判断

（交通空白地の捉え方等）や登録等事務の運用（提出書類の簡素化等）が可能となる」という項目であり、もしこれが「提出書類の簡素化等」ではなく、「柔軟な登録基準の判断」という点に着目した回答であれば、国交省の意向に反し、自治体による自主的な法令解釈の動きが生じていることになる。ただ、運輸支局が自治体による法令の自主解釈を認めることは考えにくいので、「提出書類の簡素化等」に着目して回答した可能性の方が圧倒的に高いであろう。

5　ライドシェアの動きとその反射的影響

このような停滞状況の中、さらに状況を複雑化する事態が生じた。Ｕｂｅｒ（ウーバー）に代表されるライドシェアの導入の動きが海外から入ってきたのである。

これに対し、タクシー業界は、激しく反発し、「二種免許による安全性と使用者責任」を御旗にして、ライドシェアを全面否定している（『東京交通新聞』二〇一七年一〇月二三日）。

実は、自家用有償旅客運送を行っているNPO等の中には、そのあおりを受けているところも出てきている。公共交通空白地有償運送を行っている京都府京丹後市のNPO法人「気張る！　ふるさと丹後町」がそれである。旧・丹後町地域は二〇〇八年にタクシー会社が撤退して以来、事実上「タクシー空白地域」となった。そこで、同団体は、二〇一六年から、日本で初めてＵｂｅｒのアプリベースのＩＣＴシステムを活用して、公共交通空白地有償運送「ささえ合い交通」を始めたのである[14]。

実は、旧・丹後町地域以外でも、二〇一二年に旧・久美浜町地域、二〇一三年に旧・網野町地域のタクシー会社が不採算を理由に撤退した。ところが、驚くべきことに、「ささえ合い交通」の成功を機に、Ｕｂｅｒなどを使った格安のサービスがこれらの地域に普及するのを恐れ、タクシー会社が、普及を阻むために、二〇一六年に両地域に「再進出」したのだという[15]（中村二〇一八）。
このようにライドシェアをめぐる動きは、タクシー業界を過敏にさせてしまっている。

二　持続可能な「互助」による輸送の確立を目指して

1　NPO等の方向転換─「互助」による輸送へ

こうした状況の中で、移動制約者の「移動の自由」を確保することを目指して活動してきたNPO等（具体的には、全国移動ネットの人々─以下「彼（女）ら」と表記する。）は、〝自家用有償旅客運送制度という枠組みでは、移動・外出に困っている高齢者のニーズの増加に対応することはできない〟という思いを強くしていった。自家用有償旅客運送の制度見直しと並行して、〝「互助」による輸送の拡大を模索することが必要ではないか〟という発想が、彼（女）らの中に、徐々に強くなっていったのである[16]。

そうした発想に立った場合、「自家用有償旅客運送の登録のハードルを下げる」という方向は引き続き目指しつつも、「①国交省に対する働きかけを通じて、登録を要さない『互助』による輸送の範囲を拡充しつつ、②安心して『互助』による輸送を営めるよう、登録を要しない範囲の境界を明確にする」という方向を目指す必要がある。

実際、彼（女）らは、そうした方向で行動をとっていった。その主な舞台となったのが、二〇一七年三月に国交省に設置された「高齢者の移動手段の確保に関する検討会」である[17]。

規制改革実施計画（二〇一七年六月九日閣議決定）において、「…登録又は許可を要しない自家用自動車による運送について、ガソリン代等の他に一定の金額を収受することが可能な範囲を通達により明確化する」との記載がなされたことが後押しとなって、彼（女）らの主張は一定の成果につながったように思われる。詳細は省き、その主な成果のみを列挙すれば、以下のとおりである。

第一に、自家用有償旅客運送の登録のハードルを下げるべく、二〇一八年三月三〇日付で、「地域公共交通会議の設置及び運営に関するガイドライン」および「運営協議会の設置及び運営に関するガイドライン」が改正された。具体的には、関係者の合意の方法の一つとして「検討プロセス」が提示され、そのプロセスを各自治体が採用できるよう、モデル要綱が合わせて示された。運営協議会について言えば、それは以下のようなものである。

まず、①地域の移動ニーズに対応した交通の導入に関し、具体的な提案（運行内容（路線又は区域）、運賃料金、実施時期が定められているもの。）を二ヶ月以内に提出するよう、運営協議会から地域の交通事業者に対して求める。②期限内に具体的な提案がない場合は、地域の移動ニーズに対応した交通に関し、一般旅客自動車運送事業者によることが困難であることについて、運営協議会の協議が調ったものとみなし、自家用有償旅客運送の導入に向けた検討を行うことにする。③期限内に交通事業者から提案があった場合、地域の移動ニーズへの対応の観点から、運営協議会に対して提案があった日から最長四ヶ月間の協議を行う。④その提案を実施するとの協議結果となった場合は、これをもって運営協議会における協議が調ったものとみなす。⑤逆に、四ヶ月間の期間内に実施するとの協議結果に至らなかった場合は、地域の移動ニーズに対応した交通に関し、一般旅客自動車運送事業者によることが困難であることについて、運営協議会の協議が調ったものとみなし、自家用有償旅客運送の導入に向けた検討を行うことにする。

これは、交通事業者に提案責任を課す一方、交通事業者以外に事実上の拒否権を与えるような「検討プロセス」の設計である。従前の国交省のスタンスとはかなり異なるものを感じさせる。ただし、各運営協議会がこのプロセスを採用するには既存の規約の改定が必要であるため、実際のインパクトは限定的だと思われる。

第二に、「登録を要しない範囲の境界」が一定程度明確にされた。まず、二〇一七年八月二五日付で、自動車局旅客課長名で事務連絡「営利を目的としない互助による運送のためにＮＰＯが市区町村の自動車を利用する場合等の取扱いについて」が発出され、ＮＰＯ等が自治体の車両を活用したり、車両の購入費、維持管理経費（当該運送サービスの用に供される部分に限る。）の補助を受けても、登録不要とされた。

また、二〇一八年三月三〇日付で、自動車局旅客課長通知「道路運送法における許可又は登録を要しない運送の態様について」が発出され、従前、登録を要するか否かの判断基準を示していた、自動車交通局旅客課事務連絡「道路運送法における登録又は許可を要しない態様について」（二〇〇六年九月二九日）が廃止されるとともに、登録を要しない輸送（互助による移動サービス）の範囲が明確化された。

さらに同じく二〇一八年三月には、「互助」による輸送モデルを広く情報提供するパンフレットも作成され、たとえば、（Ａ）ＮＰＯ等が所有する車両の購入費、車検等の法定整備費用、修理費用、任意の自動車損害賠償保険について補助を受けても、「登録」を要しないこと、（Ｂ）仲介手数料（アプリの手数料）を利用者から収受しても、それが実際の運行に要した実費を超えてしまう形で運転ボランティアの収入にならない限りは登録不要であること等が明示された（国交省二〇一八ａ、国交省二〇一八ｂ）。

これらにより、二〇〇六年の事務連絡と比べて、登録の要・不要の境界がかなり明確になり、運輸支局ごとの判断の違いは生じにくくなったように思われる。

また、上記各種ケースにつき、「登録が必要」と判断する運輸支局も存在してきたことに鑑みれば、〝登録不要の範囲が事実上広がった〟という評価も可能であろう。

2　訪問型サービスDへの着目

上記のような対応によって、「互助」による輸送は、従前と比べてかなり行いやすくなったように思われる。しかし、すでに述べたように、道路運送法上の有償登録を行わない場合、運転手は利用者から運送の対価を収受できないことから、持続可能性に疑問符がついてしまう。また、移動サービスにかかる利用者と運転手との調整を行うコーディネーター（運営スタッフ）の負担が大きいことも、持続可能性を低下させる一因となりうる。

どうにかこうしたネックを解消できないか。そのような模索をする中で、彼（女）らが着目したのが、介護保険法の改正（二〇一五年四月施行）によって取り組まれることになった、介護予防・日常生活支援総合事業（「新しい総合事業」[18]）の「訪問型サービスD（移動支援）」（以下、「訪問D」と略す。）であった[19]。

まず、訪問Dを活用することにより、要支援一、二の人々および介護予防・生活支援サービス事業の対象者（基本チェックリスト該当者）が、移動支援を利用できるようになる。つまり、これまで福祉有償運送の対象から外されがちであった人々に対して、移動支援が可能になる。

ただ、それ以上に彼（女）らが注目したのは、「訪問Dの補助は、団体運営に係る間接経費のみ（通所Bの送迎を別主体で行う場合を除く。）ではあるが、介護保険から補助（助成）が適用される」という点である。[20]

すなわち、訪問Dに伴う補助金を間接経費たるコーディネーターの賃金に充てることで、コーディネーターの負担感を軽減できる。運転手がコーディネーターを兼ねることができる場合は、運転手としての対価はなくても、コーディネーターの賃金を得ることができる。そのような条件ならば人材を確保できるという地域もあるだろう。[21]

この工夫の意味は、島根県雲南市の波多コミュニティ協議会の取り組みをイメージすると、より理解しやすいかもしれない。同協議会では、地区内に唯一あった商店が閉店したことを受け、波多交流センターの一画に店舗を開設し運営を開始した。なぜ、これが成り立つのかと言えば、同センターには市からの交付金および指定管理料によって数名の運営スタッフが雇用されており、そのスタッフたちが、店舗にお客さんが来た時にだけ店員を兼ねることで人件費などを節約しているからである。ちなみに、スタッフたちは、センターの車両で高齢者の送迎も行っている。商店のレジだけ、車の送迎だけでは成り立たないが、「合わせ技」で成り立たせているわけである（藤山編二〇一八：一〇七）。これと似た発想で、訪問Dの活用をすることで、「互助」による輸送の持続可能性を高めるというのが、ここでの発想なのである。

さらに、「運送に限らず、他の生活支援サービスと一体的にサービス提供する」という形をとることで利用者から収受する料金を「運送の対価」とせず、「登録不要」と位置づけた上で、その活動団体に対して訪問Dで間接経費の補助を行うことで、「互助」による輸送の持続可能性を一層高める取り組みもある。

たとえば、大阪府太子町では、「利用料は、運送に対する対価ではなく、運送を含めたボランティア活動を行った時間全体に対して、グループや団体に支払われるもの」と位置づけることで、「道路運送法上の有償登録を要しない」とした上で、訪問Dの補助金を、乗降の付き添いに対して一回あたり三〇〇円（つまり往復では、計四回の乗降を要するので一二〇〇円）を、「団体に対する間接経費」として支出している（SASAE愛 太子二〇一八）。そして、団体に支出された間接経費は、「受付担当（事務局）やサポーターへの謝礼、消耗品費などの経費に充てることができる」[22]としているのである。

また、訪問Dではないが、一般介護予防事業で補助を出している例もある。たとえば、岡山県吉備中央町では、吉備中央町通所付添サポーター協議会に対し、付添サポーター二人一組につき二〇〇〇円を、付添活動に補助として支出している。利用者には、片道一〇〇円の付添料金を負担してもらう。同協議会では、片道一〇〇円分は、ガソリン代として協議会にプールした上で、往復二〇〇〇円を、活動実績に応じて付添サポーターに配分している。実は、同協議会では、付添サポーターが二人一組で車に乗り込み、往復で運転手を交代するというやり方をしている。同協議会では、「登録不要の形態では、運転者の活動費補助は出せないが、付添者には出せる」という理解に基づき、片道一〇〇〇円ずつを付添活動に対して分配している。つまり、サポーターは、運転手としては報酬はゼロだが、付添者として、一人当たり一〇〇〇円を得ることになる。介護保険制度の活用の仕方は太子町の事例とほぼ同様だが、道路運送法上の疑義が生じないように、運転部分と付添部分を明確に分けている点が特徴である。また、一般介護予防事業の場合、①介護予防サービス計画（ケアプラン）の作成が不要である点、②補助対象が間接経費限定と明示されていないことから間接経費以外への補助を出しやすい点に独自のメリットがある。

全国移動ネットの人々は、こうした先進事例を調べ、そのエッセンスをマニュアル化[23]するとともに、各地の立ち上げを実際にバックアップすることで、その普及に取り組んでいるところである。

しかしながら、現在のところ、訪問Dが実施されている自治体は、二〇一八年度の段階で全国で四〇にとどまっている（NTTデータ経営研究所二〇一九：二〇）。

移動ニーズ（＝地域の「足」の確保を求める声）がないわけではない。しかし、介護保険を担当する福祉担当部局の職員自身が、交通制度に不慣れだということもあり、どうすればいいのかが分からないケースが多いというのが実情なのである。

こうした状況を打破するには、福祉分野と交通分野の連携が不可欠である。この点、二〇一七年七月二〇日付で、総合政策局公共交通政策部交通計画課長通知「高齢者の移動手段の確保に向けた環境整備について」が発出され、福祉部局と交通部局との連携や、介護保険制度の地域支援事業に基づき地域に設置される「協議体」と交通関係の各協議体（法定協議会、地域公共交通会議、運営協議会）との相互参加等による連携などの方策が示されたものの、福祉分野と交通分野の連携は、まだまだ道半ばである。というより、そもそも交通部局を独自に設けておらず、企画系の職員が兼務で交通関係事務を担っている自治体が未だ多いのが実情であり、連携の前提条件すらまだ調っていない自治体が少なくないのである。

3　まとめ

以上のように、訪問Dを実施している自治体の中には、太子町のように、「互助」による輸送の持続可能性を高めうる充実した取り組みを行っているところもある。しかし、他方で、補助金額が年間二〜

三万円にとどまるような自治体もある。これでは、期待されているような効果は全く生じない。さらに、なによりも、訪問Dを実施している自治体は、未だ四〇団体にとどまり、今後も容易には広がりそうにないのである。

かくして、未だ、「これ！」という打開策が見えていないというのが、「ＮＰＯ等による移動サービスの現在」だと言えよう。

4　（補論）市町村運営有償運送の活用可能性

なお、蛇足になるが、農山漁村地域等について言えば、筆者自身は、市町村運営有償運送の活用可能性を今一度探ってみるのが良いのではないかと考えている。具体的には、市町村による交通空白輸送の形態をとった上で、その運行をＮＰＯや地域住民に委ねるという方法である。(24)これにより、車両等を自治体負担で確保でき、事故時の保険加入も自治体でしてもらうことができる。実際、筆者が地域公共交通活性化協議会および地域交通検討委員会の委員を務める対馬市では、田ノ浜・樫滝線、田ノ浜・佐賀線において、市町村運営有償運送（路線不定期運行）の形態をとりつつ、市が一〇人乗りワゴン車を地元協議会に無償貸与し、運行を委託するというスキームをとっている。

従前、路線を定めて運行する形態しか認められていなかったものの、（国土交通省自動車局長通知「市町村運営有償運送の登録に関する処理方針について（平成一八年国自旅第一四一号）」の二〇一七年改正により、）二〇一七年八月から、定路線のほかに区域運行が可能になった点も見逃せない。交通空白輸送を活用するメリットは大きくなっている。

終わりに――「ガバナンス」を「幻想」で終わらせないために

地域公共交通の衰退は、市場を通じたサービス供給の限界、政府によるサービス供給の限界を経て、ボランタリー（ネットワーク）によるサービス供給に依存せざるを得ない状況にある。[25] しかし、本稿で見てきたように、ボランタリー（ネットワーク）によるサービス供給は、法制度の「壁」にぶつかり、広げたくとも広げられない状況が続いている。すなわち、自家用有償旅客運送の形態をとろうとすると、既存事業者の事実上の拒否権を組み込んだ運営協議会の「合意」という「壁」が立ちはだかってしまうのである。

筆者はかつて、地域の交通空白地の「地域の足」をどのように確保するかに関して、多様な主体が集まり議論し、対応方策を決めるという「地域公共交通活性化・再生法」に基づく法定協議会を、〝多様な主体が語り合い、互いに協力し補い合いつつ、多様なニーズに対応できる公共サービス供給を実現していく仕組み〟（＝「ガバナンス」の仕組み）として高く評価したことがある（嶋田二〇一〇a）。しかし、果たしてそうした理念通り、その場が機能するのかと言えば、かなり疑問である。

本稿で論じた運営協議会も、発想としては上記法定協議会と同様のものであるはずだが、実態は、むしろ「パイを奪われたくない」というタクシー事業者による既得権防御（＝拒否権行使）の場になるケースが多かった。

しかし、これは、運営協議会に限らず、人口減少により「パイ」が減る中でおそらく避けがたい「傾向」なのではないだろうか。

多様な供給主体によって公共サービスが担われるという「ガバナンス」の理想は美しい。しかし、それを「幻想」に終わらせずに実現することは容易ではないのである。「ガバナンス」の語源でもある「舵取り（Steering）」を通じて、「傾向」に流されずに、進むべき方向に向かっていけるかどうか（今村一九九四：二）。

自治体関係者の力量が問われている。

追記

二〇一九年六月二一日、「未来投資会議」で取りまとめられた「成長戦略実行計画」が閣議決定された。その中で、自家用有償旅客運送に関する対応の方向性が示され、二〇二〇年度の法案提出を含む対応が国交省に対して求められた。本稿で論じた問題状況の改善につながるかどうかは定かではないが、この動きには注視する必要がある。

なお、筆者は、以下のような改革案が、現実的かつ有効なのではないかと考えている。①運営協議会の「合意」事項のうち、必要性に関する合意は廃止し、②運営協議会で暫定的に合意した対価、区域に基づき、一定期間、実証実験を行い、③その結果を受けて、実際に各月のタクシー利用数の減少の有無を確認する。(26) ④実証実験中の減少分は、公的に負担することとし、⑤対価、区域を試行錯誤的に調整していきながら、影響度合いを小さくしていく。

以上のような枠組みにより、「不信感（お客を取られるのではないかという不安）に基づく合意形成」から「エビデンス（事実）に基づく合意形成」となるはずである。「『暫定的な合意』の積み重ねによる合意形成」への転換と言ってもよいだろう。

＊一の4までの事実関係の記述に関しては、嶋田（二〇一六）をはじめ、これまで書いてきたいくつかの拙稿の記述と一部重なっていることをお断りしておきたい。

注

（1）ただし、近年においては、都市部でも地域公共交通は危機に瀕している。すなわち、NHKが、東京都と政令指定都市の路線バスを走らせている一二四事業者に減便の有無を尋ねたところ、二〇一八年一月から二〇一九年四月の間に、実に四二一路線で減便が行われていた（東京都八五路線、横浜市二三路線、川崎市一〇路線、さいたま市一五路線、千葉市八路線、札幌市五六路線、仙台市四六路線、新潟市一路線、浜松市七路線、名古屋市六路線、大阪市一路線、京都市五一路線、神戸市六路線、岡山市八路線、広島市一七路線、北九州市一〇路線、福岡市一二路線、熊本市五九路線）。その主な原因は、運転手不足である（NHK二〇一九a、NHK二〇一九b）。

（2）これは、路線単位の免許制度を前提として、参入規制を行うと同時に、休止・廃止の許可制を通じて退出規制を行うことで、民間事業者を「守る」代わりに、同事業者に黒字路線からの内部補助で赤字路線を維持することを求めるというスキームである。しかし、利用者の数が著しく減少し、運賃の値上げでそれをカバーできなくなれば、内部補助で赤字路線を維持することは難しくなり、このスキームは維持できなくなる。

実際、二〇〇二年二月施行の改正道路運送法により、上記需給調整規制は廃止となった。休止・廃止は「許可制」から「事前届出制」（六ヶ月前までに地域協議会に届け出る仕組み）に代わり、不採算路線からの撤退が容易となった。ただし、「規制緩和が原因で路線の休止・廃止が増加した」とは必ずしも言えない。路線バスの休止・廃止は、二〇〇二年以前から増加傾向にあったからである。規制緩和は、従前からの撤退傾向を助長する効果を持ったと考えられる。

（3）「コミュニティバス」に、法令上の定義はないが、①自治体が直接的若しくは間接的な形での事業運営又は財源措置に関与していること、②既存の交通機関が十分に対応できていないコミュニティの小規模需要をカバーしていること、③料金は低額であることが多く、料金収入、公費補助及び受益者負担を組み合わせた財源構成を取ることが多いこと、④コミュニティの公益的な移動手段としての位置づけ（評価、イメージ）が付与されていることが特徴である。通常、（A）道路運送法四条の許可を受けた一般乗合旅客自動車運送事業者に委託して行う乗合バスの形態か、（B）同法七九条の登録による同法七八条の自家用有償旅客運送（市町村運営有償運送）の形態をとる。地域公共交通会議の場で合意することで、比較的容易に導入でき、最低車両数等の基準緩和も可能となる。

（4）ただし、近年、専用のアプリで目的地を示して予約すると、小型のオンデマンドバスに即座に情報が伝わり、かつ、AIが目的地までの最適なルートをはじき出すことで、「低コストで、時間的にも効率的な運行」を可能にするような新技術が開発され、実際に、実証実験されている段階にある。それゆえ、デマンド型交通は、再び脚光を浴びつつある。もっとも、地方部の高齢者に関しては、そうしたアプリを使いこなせない人が多いという点が、その実用化に際してネックになる。

（5）たとえば、障害者・児に限定してみても、厚生労働省『平成二八年生活のしづらさなどに関する調査（全国在宅障害児・者等実態調査）』の結果によれば、回答者のうち、「外出時に支援が必要な者」の割合は、六五歳以上で五三・二％、六五歳未満では五四・九％であった。

（6）「市町村運営有償運送」とは、市町村が、専ら当該市町村の区域内において、当該区域内の住民を運送するものであり、さらに二つのタイプに分かれている（国交省自動車局長通知「市町村運営有償運送の登録に関する処理方針について」（最新改正二〇一八年三月三〇日））。

一つは、障害者、要介護認定者等のうち市町村に会員登録を行った者を利用者とし、当該市町村自らが外出支援を行う「市町村福祉輸送」である。原則として、ドア・トゥ・ドアの個別輸送の形態をとる。

もう一つは、当該市町村内の過疎地域や一部の都市地域などの交通空白地帯において、市町村自らが当該市町村内の住民等の旅客運送の確保のために必要な運送を行う「交通空白輸送」である。交通空白輸送は、「市町村バス」とも呼ばれ、「コミュニティバス」、「乗合タクシー」、「デマンド交通」などの形態で導入されている。従前は、路線を定めて運行する形態しか認められていなかったが、二〇一七年八月から、定路線のほかに区域運行も可能になった。

(7) なお、道路運送法に基づく自家用有償旅客運送とは別に、国家戦略特別区域法の改正（二〇一六年九月一日施行）に基づき創設された「自家用有償観光旅客等運送」という仕組みもある。これは、訪日外国人をはじめとする観光客の移動手段の確保が、バス・タクシー等の事業者によることが困難である場合に、当該運送を行うことを求める主体が、区域計画を申請し、総理大臣による「認定」を受けられれば、道路運送法上の自家用有償旅客運送と見なされる、という仕組みである（同法一六条の二）。つまり、あくまで、国家戦略特別区域法に基づく独自手続によるのであり、道路運送法に基づく運営協議会での「合意」等は必要ではない。なお、自家用有償観光旅客等運送を希望し、区域計画を申請できるのは、道路運送法上の自家用有償旅客運送を行うことができる主体の範囲と同様である（国土交通省関係国家戦略特別区域法施行規則一条）。ＮＰＯ等がこの仕組みを活用することは当然ありうるが、あくまで訪日外国人等の観光客の移動確保を念頭に置いた仕組みであることから、本稿ではこれ以上言及しない。

(8) 当該制度創設までのプロセスについては、すでに過去の拙稿（嶋田二〇〇九、嶋田二〇一〇ｂ）で詳細に論じているので、ここでは省略したい。

(9) こうしたローカルルールを設ける際に、必ずと言ってよいほど語られてきたのが「安全性確保のため」というもっともらしい理由である。その背景には、「事業者であれば、あるいは運転手が二種免許を持っていれば、安全であり、そうでない場合には、安全性が低下する」あるいは「事業者並みの規制をかけなければ安全性は守れない」という暗黙の前提があるように思われるが、果たしてそれは正しいのだろうか。しかし、「運営協議会における合意形成のあり方検討会」の第一回会合に国交省が提出した資料によれば、一〇〇〇万キロあたりの事故数（死亡、負傷）で比較すると、自家用有償旅客運送の事故数は、いずれの年度においても、ハイヤー・タクシーの半数以下である（国交省二〇一一）。

これは、おそらくタクシーと自家用有償旅客運送それぞれの「特性」に基づく運転の仕方の違いが大きく作用していると思われる。すなわち、タクシーの場合、儲けるためには、少しでも短時間に多くのお客を乗せなければならない。そのためどうしても、運転は粗くなる傾向にある。これに対し、自家用有償旅客運送の場合、商売目的ではないため、余裕をもって運転ができる。また、見知っている人を繰り返し乗せるため、その場限りのいい加減な運転態度をとるわけにもいかない。こうした違いが事故率の違いとして表れているのであろう。

もっとも、こうした「特性」による事故率の違いが今後も続くとは限らない。自家用有償旅客運送については、まさに厳しい規制ゆえに、ただでさえ難しい運転手確保が余計に難しくなり、その結果、運転手の高齢化が着実に進んでしまっている。つまり、運転手の高齢化に伴う影響が、「特性」の影響を凌駕し、事故率を高める危険性がある。

それゆえ、「ローカルルールは、こうした危険性が顕在化していない段階から、将来を想定して策定されたものなのだ」という主張もあるかもしれない。しかし、仮に「運転手の条件」に関するローカルルールに合理性が認められるとしても、ローカルルールは、必ずしも「運転手の条件」に関わるものに限定されない。「運転手の条件」以外の部分については、やはり過剰であり、既得権防御のための手段である可能性は否定できないように思われる。

(10)　その他のローカルルールの具体例や、ローカルルールと「合意」判断をめぐる法的な問題点については、嶋田（二〇一〇b）で詳細に論じているので、ご参照いただきたい。

(11)　このような危惧がＮＰＯ等の関係者に広く共有されていたのは、従前、交通を兼務で担当してきた自治体職員の多くが、制度に熟知しておらず、「やらされ感」の中で、ＮＰＯ等から見ると、「地域の実情を踏まえ、事業者と向き合って調整する」といった主体的な姿勢にあまりに欠けてきたためである（嶋田二〇一六：二〇二―二〇三）。

（12）栃木県、埼玉県、新潟県、長野県、岡山県、佐賀県、大分県、鹿児島県の八県および北海道美深町、豊富町、池田町、茨城県五霞町、東京都江東区、神奈川県横浜市、大和市、富山県富山市、徳島県つるぎ町、熊本県山江村、球磨村の一一市区町村である。

（13）たとえば、二〇一四年六月二八日に東京で開催された「自家用有償旅客運送の事務・権限移譲に関する公開シンポジウム」の場において、瓦林康人氏（国交省自動車局旅客課長（当時））より、そうした趣旨の説明が行われた。

（14）ただし、同団体は、Ｕｂｅｒのアプリを使って利用者と運営者の「マッチング」を行っているだけであり、Ｕｂｅｒが運営に関与しているわけではない（中村二〇一八）。

（15）タクシー事業者が、自分たちの利益を守るために懸命になること自体は、十分に理解できる。しかし、地域や住民の利益とのバランスをもう少し考えなければ、社会的な共感は得られないだろう。もっとも、タクシー業界の中にも、三ヶ森タクシー（北九州市）の貞包健一氏や、飯倉タクシー（福岡市）の加地利幸氏のように、そうしたバランスに優れた方はおられる。ただし、少数派であるように思われる。

（16）参与観察に基づく。実は、筆者は、数年前から、全国移動ネットの政策アドバイザーを務めており、その関係で、彼（女）らの発想の転換を身近に観察できる立場にある。

（17）このほか、後述の訪問型サービスDの創設に合わせて「訪問型サービスDを実施する団体については、登録不要と見なす」といった形で登録不要の範囲を拡充して欲しい旨の要望を厚労省にしていたが、これについては実現しなかった。ただし、厚労省と国交省による省庁間協議の結果、厚労省は運送の対価に当たるものを収受していない限り、補助金を受けても許可登録は不要であるという確認をとることができたという点で、この働きかけは意味あるものであった。

(18) 同事業は、市町村が中心となって、地域の実情に応じて、住民等の多様な主体が参画し、多様なサービスを充実することにより、地域の支え合いの体制づくりを推進し、要支援者等に対する効果的かつ効率的な支援等を可能とすることを目指すものである。二〇一七年三月末までに取り組むこととされた。

(19) 以下で述べる理由のほか、①比較的狭い範囲であれ、地域で登録不要の移動サービスが生まれることで、全体としてニーズの充足に近づくのではないか、②新たな運転手の発掘につながるのではないか、といった点も、彼（女）らが訪問Dに注目する理由である。

(20) この補助金を、運転手の報酬に充てることはできない。充ててしまえば、道路運送法上の登録が必要になる。

(21) ただし、コーディネーターを兼ねられる運転手の人数はせいぜい三人程度であることから、それ以外の運転手は無給ということになってしまい、運転手間に格差が生じることになりかねない、という問題が残る。

(22) ただし、「サポーターへの謝金」については、一般財源からの独自補助であればともかく、介護保険会計から支出することについて、国から是正の要求が出される可能性はある。というのも、国の「地域支援事業実施要綱」（https://www.mhlw.go.jp/content/12300000/000506705.pdf）では、「補助（助成）の方法で事業を実施する場合について、当該補助（助成）の対象経費や額等については、立ち上げ支援や活動場所の借り上げの費用、間接経費（光熱水費、サービスの利用調整等を行う人件費等）等、様々な経費について、市町村がその裁量により対象とすることを可能とするが、ボランティアがサービス提供する場合には、その人件費等は補助の対象とすることはできない。また、施設整備の費用（軽微な改修は除く。）、直接要支援者等に対する支援等と関係ない従業員の募集・雇用に要する費用、広告・宣伝に要する費用等も対象とすることはできない」（同要綱一〇頁）とされているからである。

ただし、介護保険法上の総合事業は、市町村の自治事務であり、同要綱は技術的助言にとどまることから、「市町村の独自判断で支出することは、法的には許容され得るし、むしろ分権時代にふさわしい姿勢だ」という評価は可能であろう。

(23)『総合事業de移動・外出支援　LET's　start』、『住民主体の移動・外出支援に関わる制度活用のヒント集―こんなお悩みありませんか?』、『訪問型サービスD実施要綱・補助金交付要綱のつくり方』などがそれである。いずれも全国移動ネットのHPからダウンロードできる。

(24)他方で、市町村福祉輸送については、可能性は薄いと考えている。確かに、従前、個別輸送するには、市町村福祉輸送では車両の確保が難しかったものの、二〇一七年八月から持ち込み車両の使用が可能となったことで、新たな可能性が生まれたのは事実である。しかし、市町村福祉輸送は、障害が重い方を利用者として念頭において展開されてきたのであり、費用面の問題もある。タクシー業界を敵に回してまで、市町村が利用者の範囲を広げる形で市町村福祉輸送を活用するというのは、少々想像しにくいように思われる。

(25)この点に関連して、政府の未来投資会議（議長：安倍晋三首相）は、「タクシー事業者の自家用有償旅客運送への参画・協力」を打ち出している。タクシー事業者などが新設するNPOが実施主体となることが想定されているようである（『東京交通新聞』二〇一九年三月二五日）。

しかし、利益を追求することを旨とするタクシー事業者に対して、そうした期待をかけることはどこまで現実的なのであろうか。儲からないことを無理やりやらされるのは、タクシー事業者にとって迷惑至極であろう。もっとも、もし仮に実現したならば、「パイを奪っている」として、これまでNPO等を目の敵にしてきたタクシー事業者の姿勢に変化が生じるかもしれない。

(26)実証実験に際しては、その前提作業として、基本的に過去三～五年間のタクシーのデータを用いて、各月（半年分）の経年データをもとに経年変化率を割り出した上で、実証実験期間中の各月の利用予測を行うべきである。経年変化率を割り出すのは、多くの場合、人口減少が進み、潜在的利用者自体が減っていると思われるからである。つまり、これを踏まえないと、利用数が減った場合に、自家用有償旅客運送の影響なのか、人口減少の影響なのかが分からなくなるのである。

参考文献

今村都南雄（一九九四）「ガバナンスの観念」『季刊行政管理研究』六八号。

ＮＨＫ（二〇一九ａ）「クローズアップ現代＋『ドル箱路線が次々と　都市の路線バス減便の衝撃』」二〇一九年四月九日放送。

ＮＨＫ（二〇一九ｂ）「二〇一九首都圏情報　ネタドリ！『追跡〝首都圏〟バス減便　あなたの生活が変わる』」二〇一九年四月一九日放送。

ＮＴＴデータ経営研究所（二〇一九）『介護予防・日常生活支援総合事業及び生活支援体制整備事業の実施状況に関する調査研究事業報告書』（平成三〇年度老人保健事業推進費等補助金 老人保健健康増進等事業）。

国交省（二〇一一）「自家用有償旅客運送の現状等について」（「運営協議会における合意形成のあり方検討会」第一回会合・資料五）。

国交省（二〇一八ａ）『自家用有償旅客運送ハンドブック』。

国交省（二〇一八ｂ）『高齢者の移動手段確保のための「互助」による輸送〜道路運送法上の許可・登録を要しない輸送の制度とモデルについて〜』。

国交省中部運輸局（二〇一三）『デマンド型交通の手引き』。

ＳＡＳＡＥ 愛 太子（太子町生活支援体制整備協議体）（二〇一八）『二〇一八 太子町版 マイカーボランティアハンドブック』。

嶋田暁文（二〇〇九）「制度化の政治学〜制度化アリーナの重要性と分権改革の意義〜」『自治総研』二〇〇九年一月号。

嶋田暁文（二〇一〇ａ）「公共サービス基本条例とは何か」『とうきょうの自治』七八号。

嶋田暁文（二〇一〇ｂ）「福祉有償運送をめぐる法政策論的考察〜運営協議会問題を中心に」『自治総研』二〇一

〇年一二月号。

嶋田暁文（二〇一六）「自家用有償旅客運送に関する事務・権限の移譲をめぐる一考察〜地域のニーズと自治体の実態の狭間で分権改革を考える〜」北村喜宣（編著）『第二次分権改革の検証〜義務付け・枠付けの見直しを中心に』敬文堂。

内閣府（二〇一七）「自家用有償旅客運送に係る登録等事務・権限移譲についての実態調査」（「地方分権有識者会議・提案募集検討専門部会」第六三回（二〇一七年一〇月一三日）配布資料）。

中村吉明（二〇一八）「『業界猛反対』のウーバーが活躍する小さな街」Yomiuri ONLINE 二〇一八年一〇月二六日（https://www.yomiuri.co.jp/fukayomi/ichiran/20181025-OYT8T50011.html）。

藤山浩編著（二〇一八）『「循環型経済」をつくる』農文協。


（しまだ　あきふみ・行政学）

5　米国における公私主体による〝自治創造〟の動態の把握の試み
――HOAと自治体の関係性を中心に*――

菊地端夫
（明治大学）

はじめに

米国では、コミュニティの周辺をフェンスで囲い外部と遮断され内部へのアクセスが制限されたゲーテッドコミュニティ（以下、GCと称する）の数が一九七〇年代以降に急増し、特にカリフォルニア州では、新規に着工される住宅の四割はゲートの中にあるとされている（Blakeley and Snyder 1997）。GCに関してはこれまで、政治学や都市社会学などで研究が進みつつある。特に政治学からはその含意について マッケンジーや竹井らによって評価が試みられているが、実証研究は質量ともに乏しいのが現状である（McCabe 2011; McKenzie1994; 2011; 竹井 2005）。地方自治論や行政学の観点から、GCと自治体の官民の関係性や力学についての、より実証的な検討が必要となっている。

米国とりわけカリフォルニア州では、戦後の郊外地域の人口増や州・自治体の売上税の制度改正、さらに「契約都市（contract city）」モデルある〝レークウッドプラン〟の登場などにより、一九五〇年代に多くの基礎自治体が法人化されるに至った。そのため郊外地域に小規模自治体が乱立するようになり、州政府は住民による自由な〝(公的)自治創造〟を事実上制限するようになった。また既存の基礎自治体は一九七〇年代の納税者反乱により、基幹税たる財産税(property tax)歳入が大幅に制限されるようになった。

税収の構造的制約を受けた自治体は都市計画権限(Zoning Power)を基に住宅地に比べ税収が期待できかつサービス供給の義務が少ない大規模小売店の誘致や、住宅地にあっては開発許可に伴い住宅所有者組合(HOA:Home Owners Association　以下HOAと称す)の設置を促し、「土地利用の財政化(Fiscalization of Land Use)」が進んだとされる。廉価な住宅供給を促進する連邦政府の住宅都市開発省(HUD:Department of Housing and Urban Development)や開発業者も、高密度な住宅開発とアメニティの提供を両立できる手法として、HOAを伴う開発を積極的に進めた。

本研究では、米国地方自治における基礎自治体(municipality)の創設について、しばしば〝私的政府(Private Government)〟とも称される、GCを構成するHOAとの関係性から両者の〝自治創造〟のダイナミズムを把握しようと試みる。

次章では、GCを構成する社会的な制度や要素に関する整理を行うとともに、GCの概況の把握を試みる。第三章では、一九五〇年代以降小規模な基礎自治体の設立が相次いだカリフォルニア州を事例に、法人化に関わる州の制度変更とその後の自治体の法人化の動向を検討する。第四章では、GCと自治体という公私の主体による〝自治創造〟と制度選択の動態について考察を行い、「私的政府」たるHOAと基礎自治体の間の関係力学や、複雑で重層的な官民関係の中での両者の位置づけなどを明らかにしていきたい。

一　ゲーテッドコミュニティを構成する要素・制度―住宅所有者組合（ＨＯＡ）

１　ＣＩＣ、ＨＯＡ、ゲーテッドコミュニティとGated City の関係性

米国の住宅地では、主に住宅所有者によって構成される団体（ＨＯＡ）が公開空地や公園、プールなどの共有施設の管理運営を担う場合が多い。こういったＨＯＡを有するコミュニティは、コモン・インタレスト・コミュニティ（CIC：Common Interest Community 以下ＣＩＣと称す）と呼ばれる。[1] ＣＩＣはわが国の町内会や自治会と呼ばれる近隣住民による住民組織とは異なり、共有地や共有施設など住民（住宅所有者）が共通の利害（interests）によって結びついているコミュニティである。

業界団体であるＣＡＩ（Community Association Institute）がまとめた全米のＣＩＣ数の推計によると、一九七〇年代には全米で一万ほどであったが、二〇一六年時点では約三四万のＣＩＣが存在し、住宅数では約二六三〇万戸を数える（CAI 2016）。これは全米の住宅数総数の約二五％を占め、また住民の数では約六九〇〇万人がＣＩＣ内に居住していることになる。二〇一三年時点の推定の全米人口は三億一八〇〇万人であるので、人口の約二〇％がＣＩＣに属していることになる。一九七〇年代半ばにはすでにその数は全米の基礎自治体（Municipality）の数を上回り、現在では学校区（School District）や特別区（Special District）も含めた全ての自治体（Local Government）の数を大きく上回っており、「自治体レベルの静かな革命」や、「近隣社会主義（Neighborhood Socialism）の勃興」とさえ指摘されている（Nelson 2005; Scheller 2014）。[2]

ここで、ＣＩＣ（コモン・インタレスト・コミュニティ）やＨＯＡ（住宅所有者組合）、ＧＣ、さらにＧＣと自治体の境界が一致するGated City などしばしば混用されがちな用語について整理をしてお

きたい。ＣＩＣは、敷地や施設を共有するコミュニティであり、ＣＩＣを管理するＨＯＡは事実上強制加盟である。区分所有者全員で構成され一種の強制加盟団体であるわが国のマンション管理組合の形態に近い。ＣＩＣには専有部分と共用部分の所有形態によって大きく三つの種類が存在する。

一つ目がコンドミニアム（Condominium）型であり、わが国のマンションの区分所有と同様に専有部分と共用部分によって構成される共用住宅である。ＣＩＣ全体の約四〇％がこのタイプであるとされる（CAI 2016）。

二つ目がＰＵＤ（Planned Unit Development：計画的一体開発）であり、専有部分は個人が所有し、共用部分は購入者が同時に加入するＨＯＡが所有・管理を行う仕組みである。ＣＩＣ全体では約五〇％がＰＵＤであるとされる（CAI 2016）。

三つ目がコーポラティブ（Cooperative）であり、敷地全体を所有しているのは所有者個人ではなく協同組合や株式会社などの法人であり、住民は個人の住宅と共有地を利用する権利を含む株式を所有する形態である。その割合はＣＩＣ全体の三～四％であり、ごく少数となっている（CAI 2016）。

コミュニティ全体へのアクセスが物理的にゲートや塀などによって制限されているＧＣは、上記のコンドミニアムやＰＵＤによって構成されるＣＩＣに設置される場合がほとんどである。敷地内の公開空地や公園、道路などの施設が住民の共有もしくはＨＯＡの所有であり公有物ではないため、住民以外の敷地内へのアクセスを制限するのが容易であるからである。ＣＩＣ、ＨＯＡとＧＣ、さらにGated City の関係を整理したのが以下の表1である。なお、ＨＯＡを有するＣＩＣが全てＧＣではなく、むしろ多くはゲートの無いコミュニティであり、ＧＣはＣＩＣの中でも少数である。さらにはＧＣの中で、市域とＧＣの領域が一致するGated City の数はカリフォルニア州に五市確認できる程度と、ごく

表 1　CIC、ゲーテッドコミュニティ、Gated City に関する整理

①コミュニティの様態に着目した分類	②コミュニティの種類による分類	③コミュニティの主体	④コミュニティ管理団体	⑤ Gated Community	⑥ Gated City 市域全体が Gated Community
Neighborhood →近隣・住区。近接して集落が形成されている地域単位	同左	Neighborhood Association（近隣自治組織）＊わが国の町内会に該当	同左	無し。ただしフロリダ州等では公道をゲートで囲む地域もある	無し
Common Interest Community →共有地・共有施設など共通の利害（common interest）を有している地域・集団	PUD（Planned Unit Development）：主に戸建て住宅による住宅開発。多くの場合、占有敷地の戸建て住宅と HOA の所有・管理による公園などの共有地・施設によって構成される（CIC 全体の 45 ～ 48%と推計）	Community Association ＊非営利団体の法人格を有する場合が多い。	HOA：Home Owners Association：住宅所有者組合（共用敷地・施設の所有と管理）	Gated Community の場合がある ＊ 1200 戸以上の大規模 HOA の約 61%が Gated Community（McCabe and Tao 2006）	カリフォルニア州に複数存在
	Condominium：コンドミニアム。わが国の分譲マンションに該当。占有敷地と共用敷地によって構成（CIC 全体の 50%強と推計）		HOA：Home Owners Association：住宅所有者組合（共用敷地・施設の管理）	Gated Community の場合がある（日本の“要塞”マンションと同様）	無し
	Cooperative：コウオペラティブ：敷地全体は株式会社が所有し、住民は個人の住宅と共有地を利用する権利を含む株式を所有する形態（CIC 全体の 3 ～ 4%と推定）			Gated Community の場合少ない	無し

出典：筆者作成

少数である点に留意する必要がある。

2　ゲーテッドコミュニティの数

ＧＣの正確な数については、長らく公式な調査が行われておらず、様々な推計が行われ諸説が存在する。ブレークリーらは、ＧＣは特に一九七〇年代以降に急増し、一九九六年時点で全米で約二万、約三〇〇万戸の住宅がゲート内にあるとし、ＧＣの人口が推計で約四〇〇万人から八〇〇万人、特にカリフォルニア州だけで約五〇〇万人と推計している（Blakely and Snyder 1997）。ロスアンゼルス地域に限っては、ＣＩＣの内、約三〇％がＧＣあるとされる（Le Goix and Webster 2008）。ＣＩＣの業界団体であるＣＡＩと共同で大規模ＨＯＡを対象に調査を行った研究では、大規模ＨＯＡの約六一％がＧＣであるとされる（McCabe and Tao 2006）。

そういった中で、商務省国勢調査局が実施するAmerican Housing Surveyでは二〇〇一年からコミュニティが塀やフェンスなどで囲まれているか、またアクセスが制限されているかについての質問項目が加えられた（US Census Bureau 2002）。同調査によれば、全体の戸建て住宅の内、約六・七％が塀やフェンスによって囲まれた住宅であり、約三・八％がアクセスが制限された住宅であった。American Housing Surveyは二年毎に実施されているが、この質問項目は二〇〇九年度調査まで用いられている。アクセスが制限された住宅の割合は二〇〇三年度調査で三・九％、二〇〇五年度調査で四・二％、二〇〇七年度調査で五・二％、二〇〇九年度調査で五・五％と、ＧＣに属すると推定される住宅の割合は年を追うにつれて拡大していることが伺える（Sanchez, Lang and Dhavale 2005; US Census Bureau 2002;2010）。

もともと、ＧＣは紀元前から存在する都市の形態（城郭都市）である。近代のＧＣはイギリスが発祥であるとされるが、米国では一九世紀に東部のニューヨークや南部のセントルイスで超富裕層が近隣地域の都市化や工業化に対応する形で形成された、ごく限られた存在であった。一九七〇年代以降は全米、特にカリフォルニア州、フロリダ州、テキサス州を中心に拡大しており、富裕層など一部の限られたものから、あらゆる階層・人種に拡大し、今日ではＧＣ内の住民の多くがいわゆる中間層であり、大衆化が進んでいることが特徴である(3)。

二　カリフォルニア州における基礎自治体設立（法人化）の動向と州法改正の影響

前章では、ＧＣを構成する制度や要素について検討を行った。本章では、一九五〇年代以降に未法人化地域（unincorporated area）において小規模な基礎自治体（municipality）の設立が相次いだカリフォルニア州を事例に、自治体設立の動向と背景、またその後の州法改正の影響について検討を試みる。

1　レークウッドプランと売上税統一課税による自治体創設ラッシュ

カリフォルニア州では第二次世界大戦直後から一九六〇代にかけて、基礎自治体の設立が相次いでいる。表3は、一九四五年から二〇一五年までの七〇年間のカリフォルニア州内での新規の基礎自治体法人化数の推移を示したものである。単年では一九五六年と五七年にそれぞれ一四市と一六市が誕生したのをピークに、一九六〇年代半ばにかけて自治体の設立が相次いでいることがわかる。一九六〇年代当時の州法の規定では、基礎自治体創設に必要な住民数はわずか五〇〇人であり、また一度設立されるとその域内の土地利用権限（Zoning Power）を有することになるため、大都市圏域内外の未法人化地域で小規模自治体の設立が続き、その結果土地のスプロール化が進んだとされる（Goldbach 1965）。

カリフォルニア州内における自治体の法人化は、後述するように一九六三年に郡毎に設置されたLAFCO（Local Agency Formation Commission：自治体創成委員会）の設置以降に減少に転ずるが、それまでの自治体の法人化ラッシュは、次の二つの制度上の変化によって説明が可能である（Miller 1984; 岡部 2005）。

一つは、一九五四年にロスアンゼルス市郊外で基礎自治体として法人化したレークウッド（City of Lakewood）市が採用した「契約都市（Contract City）」モデルである。同市は警察や消防など一般的に基礎自治体が自前で提供する行政サービスを有さず、ロスアンゼルス郡や特別区、近隣の市に業務を委託した。自前の行政機構を持つことなしに未法人化地域が基礎自治体として独立をし、自らの域内の税収の使途に関する決定権と土地利用規制権限を有することのできるこの方法は「レークウッド方式」と呼ばれ、その後の基礎自治体創設ラッシュのモデルと契機となった（Miller 1984）。

自治体の創設を後押しする米国の地方自治の考え方が、ホームルールという住民による自己決定を擁護し自治体の設立（法人化）を積極的に評価する立場である（Feiock 2004; 小滝 2014; 嘉藤 2008; 村松 1969a; 1969b）。このホームルールは多くの場合、憲章（Charter）という形で明文化される（薄井 二〇〇六：塩野 一九九〇）。歴史的には、都市自治体でのホームルール運動は、農村地域選出議員によって支配される州議会の都市自治体への不当な介入や専横を防ごうという目的があった。そのため法人化による基礎自治体の設立とは分離を意図するのではなく、第一義的にはよりよい行政サービスの享受を目指すものであった（小滝 二〇一四）。自治体は州政府によって制約された弱い法人であり、ホームルールを有する自治体の設立が、自らの負担で自らが望む行政サービスを得る唯一の方法であったのである（Frug and Barron 2008）。

元来、ホームルールを支持する論者は州政府に比して自治体の権限の小ささを指摘し、自治権の拡充の必要性を訴えてきた。さらには、特に大都市圏内における小規模な基礎自治体の多重状況に関しては、公共選択論の立場から分節型政府（fragmented government）のほうが住民の選択による〝市場〟が形成されるため自治体行政の全体的な効率性を高め、さらに小規模な自治体のほうが政治的な有効性感覚や民主的統制も高まるとの指摘がなされる（Ostrom, Tiebout and Warren 1961）。オストロームらは、自治体間の利害調整のためＣＯＧ（Council of Government）のようなより自律的でインフォーマルな調整を評価し、州政府による権力的な介入に対しては否定的である。また自治体間の紛争は、裁判所を通じた司法的な解決が行われることが望ましいとした（Berry 2009; Burns 1994; Ostrom, Tiebout and Warren 1961）。

自治体創設を後押した第二の制度的要因が、一九五六年の売上税（Sales Tax）の統一課税である。一九五六年に成立したBradley-Burns Local Sales and Use Tax Lawにより州、郡、基礎自治体の売上税が統一して課されるようになり、州政府により売上税の発生地へ税収が配分されるようになった。基礎自治体がない地域への配分は全て郡に配分されることになるため、大規模小売店舗を有するような未法人化地域が法人化して基礎自治体創設する契機となったのである（Hogen-Esch 2011; Musso 2001; 小泉 2017）。

2　自治体創設への州の関与―LAFCO（自治体創成委員会）の影響

上記のような制度的要因を背景にカリフォルニア州では一九五〇年代に多くの基礎自治体が設立されたが、その評価については、ティボーらが提唱した「polycentric（多中心型）」社会というよりも、政治的にも経済的にも非効率を生み出したという実務家や州議会議員の間での評価と反省が強くなり、州政府による関与が徐々に強まるようになった。

そもそもカリフォルニア州に限らず、基礎自治体の設立は州の意向に関係なくまったく無秩序に行われている訳ではない。自治体の境界変更に関しては連邦政府ではなく州が専権を有しているので、州政府の関与が自治体の創設に対して一定の調整メカニズムをもたらすことになる。ACIR（一九九三）によれば、一九九〇年時点で基礎自治体の新たな創設（incorporation）に関して何らかの制限を設けている州は四〇州であり、その内、新規創設自治体の人口の最低要件を設けているのが三六州である。さらに六州では、自治体が徴収できる財産税の課税客体の最低要件を設けている。基礎自治体による未法人化地域の併合（annexation）に関する法律を定めている州も四四州と数多い。

このように多くの州では自治体の創設、併合、合併などによる自治体の既存の境界変更を認めている一方で、州法により手続き上の規定を設けている。その手続きの一つが、本研究が対象とするカリフォルニア州を含む一二州で設置されている、自治体境界審査委員会（BRC: Boundary Review Commission）である（Briffault 1990; Frug and Barron 2008; 嘉藤 2008）。

カリフォルニア州では、一九六〇年に州知事の下に設置されたCommission on Metropolitan Area Problemsが、大都市圏の土地利用、交通、大気汚染、上水道の調整のため、自治体創設の審査と土地利用に関する集権的な組織の導入を提言した（Goldbach 1965）。この提言は、自治体の境界変更を審査する全州レベルの機関の設置を勧告している。しかし、カリフォルニア州市連盟（League of California Cities）やカリフォルニア州郡協会（California State Association of Counties）は州の集権的な手法であると反対を表明し、妥協の産物として一九六三年にKnox-Nisbet Actが成立し、郡毎に自治体境界審査委員会であるＬＡＦＣＯが設置されることになった(4)。その後の一九七一年には、ＬＡＦＣＯに対して、特別区を含めた各自治体が将来的に併合する可能性の地理的範囲を示す「勢力圏(SOI：Sphere of Influence)」を決定する権限が付与された。「勢力圏」とは各自治体が将来的に物理的な境界やサービス供給範囲を拡大する可能性のある領域を示し、実際の自治体の境界と一致するかもしくはやや広いのが一般的である。また二〇〇〇年にはCortese-Knox-Hertzberg Local Government Reorganization Actが成立しＬＡＦＣＯには五年に一度、「自治体サービス審査（Municipal Service Review）」を行う権限が付与された。「自治体サービス審査」とは、各自治体のサービス内容や領域について包括な分析を実施することであり、これにより各自治体の「勢力圏」を見直し、自治体間の調整を促すものとなっている。

ＬＡＦＣＯは、上記のように自治体の設立（法人化）や境界変更に関して計画権限（Planning Powers）と規制権限（Regulatory Powers）の双方を有する機関であり、郡毎に設置されている。審査の対象は州内の基礎自治体と、特別区（学校区（School District）を除く）となっている。自治体の境界変更に関わるプロセスは、提案される境界変更によって影響を受ける土地所有者もしくは登録有権者の請願か、あるいは提案される境界変更により「勢力圏」の変更が迫られる関係自治体（基礎自治体、特別区）あるいは郡の決議によって行われる。ＬＡＦＣＯはその提案の技術的な可能性の審査を行う。特に重視されるのが、境界変更に伴う財産税の配分変更に関する関係自治体間の合意である。法律

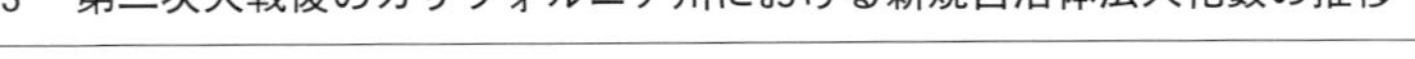

表３　第二次大戦後のカリフォルニア州における新規自治体法人化数の推移

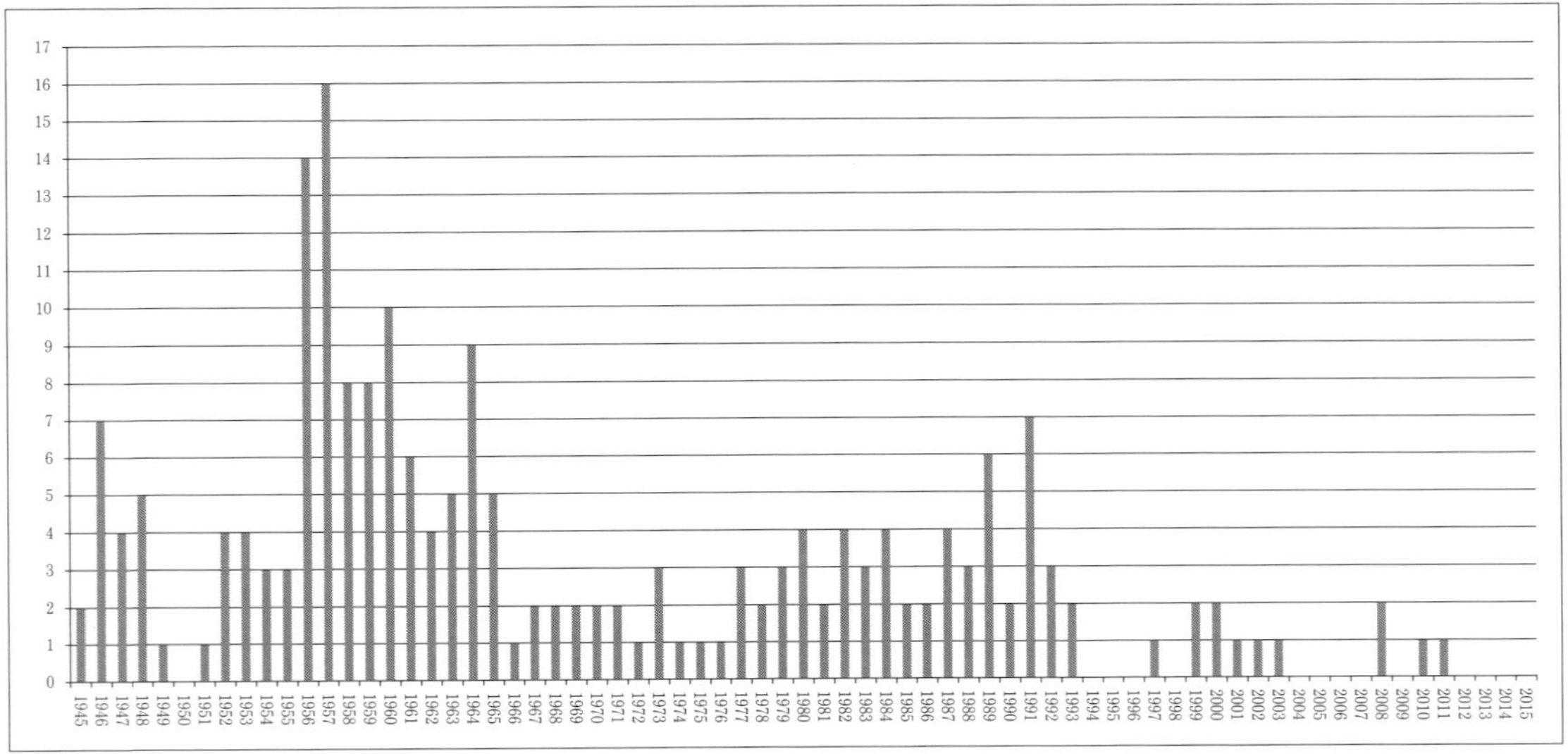

出典：League of California Cities, CALAFCO California Cities by Incorporation Date updated March 2011 を基に筆者作成

上はこの合意の提出は提案内容の要件となっていないが、判例により、合意がない場合は申請受領書を発出できないとされている（Governor's Office of Planning and Research 2012）。ＬＡＦＣＯは通常、申請受領後から九〇日以内にその可否を決定するが、決定は司法審査（judicial review）の対象とならない最終決定を意味し、提案が却下されたり審査が取りやめられた場合、同様の提案をすることは最低一年間禁止される。

ＬＡＦＣＯの創設目的は新規の自治体の無秩序な乱立を抑止しより秩序ある土地開発を行うことにあったが、新規の自治体の創設の抑制については、一定の効果があったと広く指摘されている（Barbour 2002; Hogen-Esch 2011; Martin and Wagner 1978; Wagner 1976）。ＬＡＦＣＯの創設以降は人口一〇万人辺りの自治体数は他州に比べ減少傾向にあり、自治体の乱立がある程度抑制されてきたことが確認できる（Lewis: 1998）。ＬＡＦＣＯが新規自治体の創設をどの程度抑制したのかについて試算を行ったワーグナーらの研究では、ＬＡＦＣＯが設置されたことにより新規自治体の設立が四二％から五六％ほど削減されたと試算している（Martin and Wagner 1978; Wagner 1976）。

3　自治体創設への財政上の影響―自治体創設の財政中立原則、「納税者反乱」

一九六三年のＬＡＦＣＯ設置以降、自治体の設立は減少したが、その他に自治体の創設にネガティブな影響を与えた要因として、自治体創設時の財政中立原則、さらに一九七八年の「納税者反乱」による自治体歳入の制度上の制約、の二点を指摘が可能である。

一点目については、一九九二年の州予算関連法案として成立した法案（SB1559）により、新規に創設される基礎自治体は財政的に中立（revenue neutrality）であることが要求されるようになった。この基準により、郡内で自治体が創設されることによって新規自治体が得る財源の額と、郡がこれまで提供してきたサービスが必要なくなることによって節減できる額が一致することが求められるようになった。この基準が設けられる以前は、新規に自治体が創設される場合、ＬＡＦＣＯは一定の算定式で郡と自治体の間で財源を分割してきた。しかし自治体が創設された後も、郡全体にわたって提供しなければいけない業務（特に選挙管理事務、拘置所の運営や保護観察など）は依然として残るため、結果的に郡の財政負担が増える傾向にあった（Commission on Local Governance for the 21st Century 2000）。そのため、同規定が設けられた後は一層新規自治体の法人化が困難になり、実際の法人化数も極端に減ることになった。

また、財政上州内の自治体に大きな影響を与えたのが、一九七八年の提案一三号（Proposition 13）の成立によるいわゆる「納税者反乱（Tax Payers' Revolt）」である。提案一三号により州憲法が改正され、財産税の税率は評価額の一％が上限となり、評価額の上昇も毎年二％が上限とされた。課税対象となる財産の評価も一九七五年の水準を基準とし、所有者に変更がない限り評価替えは行われなくなった。提案一三号が成立した直後の一九七八年度の州内の財産税の合計税収は前年度比五六・五％減となり、税収が文字通り半減することになった（小泉二〇一七）。

カリフォルニア州における財産税の配分は、提案一三号以降は複数の州法、とりわけＡＢ８に基づいて行われている。同法は、一九七〇年代半ばまで各自治体が得ていた財産税の歳入額に沿う形で配分が行われる仕組みであり、それまで財産税の歳入額が大きかった自治体がより多くの配分を受ける形になる。そのため一九七〇年代までにより多くの行政サービスを自前で提供していた自治体は、提案一三号以降も財産税の配分額が大きくなる仕組みとなっている。前述の財政中立性の規定とともに、財産税に関わる制度改正は既存の基礎自治体に有利に働き、結果として新規の自治体の設立が抑制される形となった（Taylor 2012）。

各自治体はサービスの削減のほか、これまで租税によって調達されていたサービスを使用料化・分担金化したり、新たな住宅開発に伴うインフラ整備費用を開発業者、購入者に負担させるコミュニティ施設区（Community Facilities Districts）を設置するなど、財源調達の多様化が進んだ（Bort 2005）。同施設区や特別課税区（Special Assessment District）は創設にＬＡＦＣＯの審査を必要としないため、一九七八年以降、州内の土地開発で頻繁に用いられるようになっていく（ACIR 1992）。

三　ゲーテッドコミュニティ設立と自治体創設を巡る制度選択の動態

前章では、カリフォルニア州を事例に基礎自治体の設立（法人化）の動向と背景、また州の法改正や関与の変化による影響を確認した。それではこういった自治体の創設に関する制度変化が、ＧＣの設立とどのように関わっているのだろうか。本章では、自治体（公的政府）とＧＣを構成するＨＯＡの両者の関係について、自治体創設の要件の厳格化が代わりに私的政府たるＨＯＡの拡大を促した点、また既存の自治体がＧＣをむしろ望んでいる点を指摘する。

１　自治体創設（法人化）要件の厳格化の影響――〝自治創造〟のスピルオーバーとしてのゲーテッドコミュニティ

カリフォルニアのように人口が急増している州では、州によって新規の自治体の創設が抑制された場合、郡を含む既存の自治体の中で人口の急増が発生することになる。その結果、人口増大に伴って既存の自治体の上にLAFCOによる審査の対象外となるコミュニティ施設区や特別課税区が重畳するとともに、基礎自治体に代わってHOAを伴うGCが多く設立されるようになった（Cheung 2008; Gordon 2004）。ネルソンは、ティボーの足による投票モデルと取引コスト論を用いて、自治体への納税とHOAへの管理費という「二重課税」にもかかわらずGCやCICが増える背景を説明している（Nelson 2009）。ティボーの足による投票モデルは、住民が望むようなサービスを提供する自治体を選び移り住むことによって選好が満たされるとするが、同様に住民が自治体内に自らの選好にあうような「私的政府」を成立させるか、もしくはすでにそういった「私的政府」がある自治体を選択することによっても、住民の選好が満たされることになる。

　基礎自治体創設に係る州の関与が強まることにより創設の取引コストが高まる一方で、HOAは「私的政府」とも呼ばれるように基礎自治体と同様の権能をもち、かつ政府組織が遵守しなければならない様々な規則や規律（選挙、情報公開、財政管理など）、公務員の雇用に関わる労使問題も存在しない。さらにHOAは登記のみで成立させることができるため、住民の選好を同じように満たす場合、基礎自治体を創設するよりもHOAを創設するほうが相対的に取引コストは少なくてすむ。そのため、住民は基礎自治体を創設する代わりに、HOAやGCを選択するようになる。

　ティボーの足による投票モデルは、自治体間でサービス競争が行われることが前提となっているため、ある自治体内で異なるサービスが存在することが説明できない[5]。ある自治体内で収める税金に加え管理費という形で高いコストを払ってでもよりよいサービスを受けたいという場合、GC内へ移動をするという形で、ある自治体内でGCとそうでないコミュニティがあることも説明が可能となる（Webster 2001）。

2　自治体による「土地利用の財政化」策としてのゲーテッドコミュニティ

前章で指摘したように、カリフォルニア州では一九七八年の「納税者反乱」により自治体の基幹歳入であった財政税収は大幅に限定されるようになった。財政構造が制約を受けるようになる中で、自治体にとってＣＩＣやＧＣの拡大は、税収が維持拡大する一方でこれらコミュニティ内ではＨＯＡが自治体に代わってサービスを供給するためその分だけ自治体の供給責任は少なくなる。ＣＩＣやＧＣは、自治体にとって「金のなる木（Cash Cow）」とみなされるようになった（Le Goix 2005）。カリフォルニア州では財産税の配分は州によって行われるが、自治体内の財産税収入の全てが自治体に戻ってくるわけではない。郡や自治体によって異なるが、約四割は学校区や郡に配分される。例えば、カリフォルニア州内のGated Cityの一つで、居住者年齢制限コミュニティ（age-restricted community）の一つであるCity of Laguna Woodsでは、市内に学齢期の子どもが存在しないにも関わらず徴収される財産税の約四割は学校区に配分されるため、地域の学校区の財政を事実上支えている状況となっている(6)。

財源が制約されている自治体にとって、住宅開発の開発許可に際してＨＯＡの設置を義務付けることにより、サービス供給を大きく増やすことなく財源を拡大することが可能となるのである（Cheung and Meltzer 2013）。特にカリフォルニア州では、一九七八年の提案一三号により自治体の財産税の税率や評価額の上昇率に制限が設けられたため、小売施設の誘致による売上税（Sales Tax）やホテル税（Transient Tax）の新設など、財産税以外の税財源確保へ向けた模索が続いた（小泉二〇一七）。

実際に、州内のフリーモント市では市内に新たに設置されるＨＯＡにプールやリクレーション施設の設置を義務付けしており、そのほかネバタ州、テキサス州、アリゾナ州、フロリダ州の多くの自治体では新たな住宅開発の際にはＨＯＡの設置が事実上の義務となっている（Barton and Silverman 1994; McKenzie 2011; Siegel 2006）。自治体は住宅開発の開発許可に際しＨＯＡの設置を促したり事実上義務付けることにより、税収を確保するとともにサービス供給を減らすことができるのである（Kemmet 2003; McKenzie 1998; Siegel 2006）。

提案一三号が州内のＨＯＡの動向に与える影響を検証した研究では、提案一三号による税収減少が著しい自治体ほどＨＯＡの新設が増える傾向にあり、州全体としては提案一三号以降にＨＯＡの設立が約三六％増えたことが明らかになっている（Cheung 2008）。ＧＣやＨＯＡの急増は、基幹税たる財産税の構造的制約を受けた自治体の「土地利用の財政化」策の帰結の一つであるともいえる。さらには財政的な面に限らず、ＣＩＣは限られた土地の中で高密度に住宅を開発できるため、オープンスペースの確保や土地利用の効率化の観点からも推奨された（McCabe 2005; McKenzie 2006）。連邦政府の住宅都市開発省や開発業者にとっても、地価高騰の折に廉価な住宅の供給戸数を維持しつつ高品質のアメニティを同時に提供する仕組みとして、ＣＩＣやＧＣは有力な手法であったのである。

おわりに

これまでのＧＣに関する研究は、批判的な立場から検討されるものが多かった。ＧＣは既存のコミュニティから住民が孤立（enclave）することから、地域社会を分断し紐帯（Social Capital）を弱めるものと指摘されてきた（Gordon 2004; Low 2003）。また住民の人種構成の画一化につながり公共政策の維持を難しくするという批判が展開されてきた（Le Goix and Webster 2006; McKenzie 1994）。米国社会、あるいは都市の分極化の病理現象として、ＧＣは捉えられてきたのである。しかし、ＧＣの多くはすでに人種構造が均一となっている郊外地域に建設されることから、ＧＣとその隣接するコミュニティの間では、人種構成上の大きな違いはみられないというのが、多くの実証研究に共通した結論である（Gordon 2004; Le Goix 2005; Vesselinov, Cazessus and Falk 2007）。

本研究では、私的政府とも称されるＧＣを構成するＨＯＡと、自治体の双方の設立に関わる制度選択の動態について、カリフォルニア州を事例に、〝公的政府〟たる自治体の創設（法人化）に関わる州の制度改正や関与の変化、さらに財政上の構造変化により、ＧＣやＨＯＡによる〝自治創造〟を促した可能性を指摘してきた。また、ＧＣの隆盛が自治体の弱体化につながるとの指摘に関しては、既存の自治体はむしろ土地利用権限を武器に、ＧＣの設置（の有無）を自律的に選択していることが明らかになった。

「レークウッドプラン」の例に典型的なように米国の大都市圏では多くの種類の自治体が重層的かつ多元的に存在し、そのため基礎自治体である市は自前で職員をほとんど有さず、他の自治体に委託をすることが可能となっている。こういった重層的で多元的な自治体の構造、またとりわけカリフォルニア州における財産税の配分の仕組みを念頭に置くと、ＧＣやＨＯＡの隆盛と自治体の関係は、必ずしも「大きな民」と「小さな公（政府）」という対比的な図式が成り立つわけではない。

そもそも、米国地方自治体には元来「公」（public）的性格と「私」（private）的性格という二重の性格の法理が適用され、特に「私」的性格は自治体の持つ自治権や自己決定権を州による侵害から守る法理として確立されてきたとされる（寺尾 一九九五）。この点に関し、ホームルールに基づく自治体の創設と自己決定を擁護するフルーグらは、かつては会社法人と自治体法人は同じ権能を有していたが、今日では自治体法人は会社法人と比べ自治権が弱い点を指摘している（Frug and Baron 2008）。またネルソンは、自治体法人は州法によって設立され統制されている一方、ＨＯＡは非営利法人としての資格を与えられているから、ＨＯＡに自治体法人なみの機能や政治的な役割をもたせるほうがより現実的であると指摘する（Nelson 2005）。これらの指摘のように、米国の自治体では元来官民の責任領域の境界はあいまいであり、またわが国と異なり、基礎自治体が地域の総合行政主体とはなっていない。特別区や学校区、郡などを含めた多元的な自治体ネットワークが形成されていることを念頭に、〝自治〟や官民関係を検討する必要がある。

ＧＣを、その領域性や外見上の要塞性や排他性といった印象から批判するのではなく、私的政府と自治体の間の関係性とそのあり方を通じて、米国の地方自治が直面する課題について、より精緻な理解が求められているのである（McCabe 2011; Tao and McCabe 2012）。

＊本稿は、日本地方自治学会二〇一八年度研究大会（二〇一八年一一月一一日、於：金沢市近江町交流プラザ）での報告ペーパーを加筆・修正したものです。本研究はＪＳＰＳ科研費若手研究Ｂ（16K17057）、村田学術振興財団（Ｈ二九海人〇九）、ＬＩＸＩＬ住生活財団（一七―一六）の助成を受けたものです。

注

（1）ＨＯＡについては、そのほかＰＯＡ（Property Owner's Association）やＲＣＡ（Residential Community Association）と呼ばれる場合がある。ＣＩＣについては、そのほかＣＩＤ（Common Interest Development）と呼ばれる場合がある（Barton and Silverman 1994; McKenzie 1994; 小善 2007）。

（2）U.S. Census Bureau の Census of Government によれば、二〇一二年時点の自治体の数は、法人化された基礎自治体が一九、五一二、Town/Township が一六、三六四、特別区（Special Districts）が三七、二〇三、学校区（School Districts）が一二、八八四であり、合計八九、〇〇四である。（U.S. Census Bureau 2013）。

（3）ゲーテッドコミュニティは米国のみでみられる形態ではなく、イギリスやオランダなどのヨーロッパ、中国やフィリピンなどのアジア、ブラジルやアルゼンチンなどの南米でも存在する。中国では工場と住宅が一体となったゲーテッドコミュニティが数多くあり、またチリでは貧困地域の近くにゲーテッドコミュニティができると必要な都市インフラが整備され雇用機会ももたらすため、設置が歓迎される場合があるという（Atkinson and Blandy 2006; Le Goix and Webster 2008）。また竹井（二〇〇五）は、わが国の分譲型の超高層マンションは「究極のゲーテッド・コミュニティ」であると指摘している。

（4）一九六〇年代にカリフォルニア州での自治体の乱立を観察した村松（1969b:27-29）は、一九六三年にカリフォルニア州のＢＲＣとして設立されたＬＡＦＣＯ（Local Agency Formation Commission）について、農村地域での小規模な自治を想定していたホームルールの理念が、現代の大規模な都市社会でどのような形で具現化されるのかについて妥結点を見出そうとするいわば実験として捉え、「「地方政府形成委員会（筆者注ＬＡＦＣＯ）」のような試みは今なお重要な地方自治の理論という酒を都市社会に適合する新しい革袋にもる努力として高く評価すべきである」と指摘している。

（5）Berry（二〇〇九）はティボーモデルの限界を同様に指摘し、地理的に重複し重層的に存在する特別区（special district）に焦点をあて、二次元ではなく三次元で競合を把握している。

（6）連邦法のFair Housing Actの例外適用を受ける居住者年齢制限コミュニティ（age-restricted community）であり、居住者は五五歳以上である必要がある。同市民の平均年齢は七七歳となっている（二〇一〇年時点）。

参考文献

Advisory Commission on Intergovernmental Relations. (1989). *Residential Community Associations:*

Private Governments in the Intergovernmental System?

Advisory Commission on Intergovernmental Relations. (1992). *Local Boundary Commissions: Status and Roles in Forming, Adjusting and Dissolving Local Government Boundaries.*

Advisory Commission on Intergovernmental Relations. (1993). *State Laws Governing Local Government Structure and Administration.*

Atkinson, Rowland and Sarah Blandy. eds. (2006). *Gated Communities; International Perspectives.* Routledge.

Barbour, Elisa. (2002). *Metropolitan Growth Planning in California, 1900-2000.* Public Policy Institute of California.

Barton, Stephen and Carol Siverman eds. (1994). *Common Interest Communities: Private Governments and the Public Interest.* Institute of Governmental Studies Press.

Berry, Christopher. (2009). *Imperfect Union: Representation and Taxation in Multilevel Governments.* Cambridge University Press.

Blakely, Edward and Mary Snyder. (1997). *Fortress America: Gated Communities in the United States.* Brookings Institution Press.

Body-Gendrot, Sophie and Jacques Carré eds. (2008). *A City of One's Own: Blurring the Boundaries Between Private and Public.* Routledge

Bort, Daniel. (2005) An Introduction to California Mello-Roos Community Facilities Districts. Orrick.

Briffault, Richard. (1990). "Our Localism: Part II--Localism and Legal Theory" *Columbia Law Review,* 90 (2), pp.346-454

Burns, Nancy. (1994). *The Formation of American Local Governments: Private Values in Public*

Institutions. Oxford University Press.

Carr, Jered and Richard Feiock. (2001). "State Annexation" Constraints" and the Frequency of Municipal Annexation. "*Political Research Quarterly*. 54 (2) pp.459-470.

Cheung, Ron. (2008). "The Interaction between Public and Private Governments: An Empirical Analysis" *Journal of Urban Economics*. 63 pp.805-901.

Cheung, Ron and Rachel Meltzer. (2013). "Homeowners Associations and the Demand for Local Lan use Regulation" *Journal of Regional Science*. 53 (3). pp.511-534.

Cheung, Ron and Rachel Meltzer. (2014) "Why and Where Do Homeowners Associations Form?" *Journal of Policy Development and Research*. 16 (3) pp.69-92

Commission on Local Governance for the 21st Century. (2000). *Growth Within Bounds: Report of the Commission on Local Governance for the 21st Century*. State of California.

Community Association Institute. (2016). *National and State Statistical Review for 2016*.

Feiock, Richard. ed (2004). *Metropolitan Governance: Conflict, Competition, and Cooperation*. Georgetown University Press.

Foldvary, Fred. (1994). *Public Goods and Private Communities: The Market Provision of Social Services*. Edward Elgar.

Frug, Gerald and David Barron. (2008). *City Bound: How States Stifle Urban Innovations*. Cornell University Press.

Goldbach, John. (1965). "Local Formation Commissions: California's Struggle over Municipal Incorporations" *Public Administration Review* 25 (3) pp.213-220.

Gordon, Tracy. (2004). "Moving Up by Moving Out? Planned Developments and Residential Segregation in California" *Urban Studies.* 41 (2). pp.441-461.

Hogen-Esch, Tom (2011). "Fragmentation, Fiscal Federalism, and the Ghost of Dillon's Rule: Municipal Incorporation in Southern California, 1950-2010" *California Journal of Politics and Policy* 3 (1). pp.1-21.

Le Goix, Renaud. (2005). "Gated Communities: Sprawl and Social Segregation in Southern California" *Housing Studies* 20 (2) pp.323-343.

Le Goix, Renaud and Chris Webster. (2006). "Gated communities, Sustainable Cities and a Tragedy of the Urban Commons." *Critical Planning,* 13 pp.41-64.

Le Goix, Renaud and Chris Webster. (2008) "Gated Communities" *Geography Compass* 2 (4) pp.1189-1214.

Le Goix, Renaud and Elena Vesselinov. (2013). "Gated Communities and House Prices: Suburban Change in Southern California: 1980-2008" *International Journal of Urban and Regional Research.* 37 (6) pp.229-51.

Le Goix, Renaund and Elena Vesselinov. (2015). "Inequality Shaping Processes and Gated Communities in US Western Metropolitan Areas" *Urban Studies.* 52 (4) pp.619-638.

Low, Setha. (2003). *Behind the Gates: Life, Security, and the Pursuit of Happiness in Fortress America.* Routledge

Manzi, Tony and Bill Smith-Bowers. (2005). "Gated Communities as Club Goods: Segregation or Social Cohesion?" *Housing Studies.* 20 (2) pp.345-359.

Martin, Dolores and Richard Wagner. (1978). "The Institutional Framework for Municipal Incorporation: An Economic Analysis of Local Agency Formation Commissions in California" *Journal of Law and Economics.* 21 (2) pp.409-425.

McCabe, Barbara and Jill Tao. (2006). "Private Governments and Private Services: Homeowners

Associations in the City and Behind the Gate" *Review of Policy Research.* 23 (6) pp.1143-1157.

McCabe, Barbara. (2011). "Homeowners Associations as Private Governments: What We know, What We do not know, and Why it matters" *Public Administration Review* 71 (4) pp.535-542.

McKenzie, Evan. (1994). *Privatopia: Homeowner Associations and the Rise of Residential Private Government.* Yale University Press.

McKenzie, Evan. (1998). "Homeowner Associations and California Politics: An Exploratory Analysis" *Urban Affairs Review.* 34 (1) pp.52-75.

McKenzie., Evan. (2006). "Emerging Trends in State Regulations of Private Communities in the U.S." *GeoJournal* 66 pp.89-102.

McKenzie, Evan. (2011). *Beyond Privatopia: Rethinking Residential Private Government.* The Urban Institute Press.

Miller. Gary. (1981). *Cities by Contract.* The MIT Press

Musso, Juliet. (2001). "The Political Economy of City Formation in California: Limits to Tiebout Sorting." *Social Science Quarterly.* 82 (1). pp.139-153.

Nelson, Robert. (2005). *Private Neighborhoods and the Transformation of Local Government.* Urban Institute Press.

Nelson, Robert. (2009). "The Puzzle of Local Double Taxation: Why Do Private Community Associations Exit?" *The Independent Review* 13 (3) pp.345-365.

Ostrom, Vincent, Charles M. Tiebout, and Robert Warren. (1961). "The Organization of Government in Metropolitan Areas: A Theoretical Inquiry" *American Political Science Review* 55 (4) pp.831-842.

Rosenblum, Nancy. (2016). *Good Neighbors: The Democracy of Everyday Life in America.* Princeton

University Press.

Sanchez, Thomas Robert Lang, and Dawn Dhavale. (2005). "Security versus Status? A First Look at the Census、s Gated Community Data." *Journal of Planning Education and Research.* 24, pp.281-291.

Scheller, Daniel. (2014). "The Effects of Neighborhood Democracy on Cooperation: A Laboratory Study." *Journal of Urban Affairs.* 37 (5) pp.568-583.

Siegel, Steven. (2009). The Pubic Interest and Private Gated Communities: A Comprehensive Approach to Public Policy that would Discourage the Establishment of New Gated Communities and Encourage the Removal of Gates from Existing Private Communities." *Loyola Law Review.* 55 pp.805-838.

Stark, Andrew. (1988). "America, Gated?" *The Wilson Quarterly.* 22 (1) pp.58-79.

Tao, Jill and Barbara McCabe. (2012). "Where a Hollow State Casts No Shadow: Homeowner Associations in Local Governments" *American Journal of Public Administration* 42 (6) pp.678-694.

Taylor, Mac. (2012). *Understanding California's Property Taxes.* Legislative Analyst's Office

US Census Bureau. (2002). *American Housing Survey for the United States: 2001*

US Census Bureau. (2010). *American Housing Survey for the United States: 2009*

US Census Bureau. (2013). *Census of Governments 2012.*

Vesselinov, Elena, Matthew Cazessus, and William Falk. (2007). "Gated Communities and Spatial Inequality." *Journal of Urban Affairs* 29 (2) pp.109-127.

Wagner, Richard. (1976). "Institutional Constraints and Local Community Formation" *American Economic Review.* 6 (2), pp.110-115.

Webster, Chris. (2001). "Gated City of Tomorrow" *Town Planning Review.* 72 (2) pp.49-170.

薄井一成（二〇〇六）『分権時代の地方自治』有斐閣

岡部一明（二〇〇五）「米国カリフォルニア州における自治体形成と地方財政」『東邦学誌』第三四巻第一号一―一八頁
小滝敏之（二〇一四）『米国地方自治論』公人社
嘉藤亮（二〇〇八）「アメリカにおける広域的統治システム―New Regionalism の展開」『早稲田政治公法研究』第八八号八七―一〇七頁
小泉和重（二〇一七）『現代カリフォルニア州財政と直接民主主義：「納税者の反乱」は何をもたらしたのか』ミネルヴァ書房
齊藤広子・梶浦恒男（一九九二）「米国カリフォルニア州における「コモンを有する住宅」の開発と管理への行政対応」『大阪市立大学生活科学部紀要』第四〇巻一―一五頁
佐藤学（二〇〇九）『米国型自治の行方―ピッツバーグ都市圏自治体破綻の研究』敬文堂
塩野宏（一九九〇）『国と地方公共団体』有斐閣
小善真司（二〇〇七）「米国のＨＯＡ制度を巡る課題と政府の対応」『都市住宅学』第五九号一三三―一四二頁
曽我謙悟（二〇一六）「縮小都市をめぐる政治と行政―政治制度論による理論的検討」加茂利男・徳永恭子編著『縮小都市の政治学』岩波書店、一五九―一八二頁
高村学人（二〇一二）『コモンズからの都市再生―地域共同管理と法の新たな役割』ミネルヴァ書房
竹井隆人（二〇〇五）『集合住宅デモクラシー―新たなコミュニティ・ガバナンスのかたち』世界思想社
竹井隆人（二〇〇八）「都市（集合住宅）における包摂と排除―ゲーテッド・コミュニティとディスペイシャル・デモクラシーをめぐって」『年報政治学 2007―Ⅱ 排除と包摂の政治学』八三―一〇二頁
寺尾美子（一九九五）「地方自治体の「公」「私」二重の性格の法理―19世紀アメリカにおける地方自治法生成の一側面」石井紫郎・樋口範雄編『外から見た日本法』東京大学出版会、一二七―一五三頁
中邨章（一九九一）『アメリカの地方自治』学陽書房

西田幸介（二〇〇八）「アメリカにおけるゾーニングとカベナントの調整法理」『龍谷法学』第四一巻第一号一―四三頁
牧田義輝（一九八三）『アメリカの広域行政』勁草書房
村松岐夫（一九九六ａ）「アメリカにおける大都市圏広域政府の形成（一）」『法学論叢』第八四巻第五号一―三六頁
村松岐夫（一九六九ｂ）「アメリカにおける大都市圏広域政府の形成（二）」『法学論叢』第八五巻第三号一―三六頁
山崎孝史（二〇一六）「境界、領域、「領土の罠」―概念の理解のために」『地理』第六一巻六号八八―九六頁

（きくち　まさお・行政学、地方自治論、公共政策論）

6　小規模自治体と自治体間連携
――「圏域行政」と「圏域自治」――

水　谷　利　亮
（下関市立大学）

はじめに

自治体間連携には、主として市町村間の広域連携である水平連携と、市町村と都道府県、あるいは市町村間の広域連携と都道府県とによる垂直連携といったパターンが考えられる。「平成の大合併」後の「地方創生」などの政策動向をみると、フルセット型の自治体による総合行政主体論はとりあえず後景に退き、「選択と集中」や「集約とネットワーク化」という考えのもと、市町村の行政サービス提供では連携協約などを活用した連携中枢都市圏や定住自立圏など政策ベースの水平連携が「新たな広域連携」として推奨されている。以前からある広域連合や一部事務組合など機構ベースの自治体間連携はあまり注目されていない。都道府県による市町村支援・補完機能を含む市町村と都道府県による垂直連携は補助的な位置づけしかなされず、都道府県の機能や役割に対する期待もあまりみられない。

二〇一八年七月に発表された総務省「自治体戦略二〇四〇構想研究会」の『第二次報告書』（以下では、「報告書」という。）では、「二〇四〇年頃にかけて迫り来る我が国の内政上の危機」の一つとして小規模自治体で人口減少率が四～五割になる所が数多く見込まれるので、個々の市町村は行政のフルセット主義から脱却する必要があり、「現在の自治体間連携を超えて中長期的な個別最適と全体最適を両立できる圏域マネジメントの仕組みが必要」だという。その「新たな自治体行政」のあり方として「スマート自治体への転換」や「公共私による暮らしの維持」、「圏域マネジメントと二層制の柔軟化」、「東京圏のプラットフォーム」という四つの基本的な考え方を提示した（自治体戦略二〇四〇構想研究会：二九―三八）。自治体間連携と関連して、「圏域マネジメントと二層制の柔軟化」に関して、人口減少社会では、「都市の集積を基盤として圏域全体の生活や産業を支えてきた都市機能は維持できなくなる」ので、「個々の市町村が行政のフルセット主義と他の市町村との勝者なき競争から脱却し、圏域単位での行政をスタンダード」にし、「圏域での政策遂行を促進」しなければならないという。その圏域単位の行政である「圏域行政」を実体化するため、中心都市の「圏域マネジメント」能力を高める法律上の枠組みが必要だという（自治体戦略二〇四〇構想研究会：三五―三六）。これは、定住自立圏や連携中枢都市圏といった政策ベースの連携が推奨されてきたこれまでの「新たな広域連携」を超えるさらに新たな広域連携を「圏域」単位で制度化しようとするもので、市町村合併から「新たな広域連携」に揺れた振り子を、また市町村合併に戻して、圏域行政という市町村合併と同じような効果・機能をもつ「機能的合併(1)」（山崎：九二四、白藤二〇一九：三五）を模索するものといえる。また、「二層制の柔軟化」も、都道府県と市町村からなる現状の二層制の自治制度のあり方を転換する考え方が含まれている。

この「報告書」を受けて、二〇一八年七月に第三二次地方制度調査会が設置され、現在、「人口減少が深刻化し高齢者人口がピークを迎える二〇四〇年頃から逆算し顕在化する諸課題に対応する観点から、圏域における地方公共団体の協力関係、公・共・私のベストミックス、その他の必要な地方行政体制のあり方」について調査審議がなされている。(2)

本稿では、市町村自治を基盤に、市町村間の広域連合や定住自立圏などの水平連携、さらに都道府県出先機関などにも注目しながら、市町村や市町村間水平連携と都道府県とによる垂直連携などが重層的に組み合わさった自治体間連携のあり方が、小規模自治体などの自律・自治を支えている実態を分析し、そのような自治のあり方を「多元・協働型自治」モデルとしての「圏域自治」として、「地方創生」や圏域行政、二層制の柔軟化といった「集権・競争型自治」モデルへの対案として検討してみたい。(3)

まず、一章では、自治体戦略二〇四〇構想研究会の「報告書」やその中の「圏域マネジメントと二層制の柔軟化」、圏域行政に関する議論を中心に整理・分析することで、圏域自治と対比する前提作業を行う。二章から四章では、重層的な自治体間連携に基づく圏域自治の実態をいくつかの事例をもとに整理・分析する。五章では、現状の自治体間連携での政策決定・意思決定のあり方などを分析することで圏域自治における民主的統制のあり方の一端をみたあとで、若干の考察を行いたい。

一　「圏域マネジメントと二層制の柔軟化」に関する議論

1　「自治体戦略二〇四〇構想研究会」報告書のあり方

自治体戦略二〇四〇構想研究会の「報告書」に関して、もう少し検討を加えたい。まず、「報告書」のあり方そのものについてである。

小田切徳美は、「報告書」は「『増田レポート』の再来」で小規模自治体の危機を煽り追い込む手法・

考えの焼き直しで「改革の上塗り」だという。「逆算」でなく「積み上げ」が大切で、現状の評価や支援制度のあり方を提起すべきだと指摘する（小田切：一）。「公共私による暮らしの維持」に関する「公・共・私のベストミックス」論については、井出英策が、小泉内閣時の「市場・民間重視の新自由主義」が「人口減少社会に置き換わり、政府の機能縮小を異なるかたちで正当化するための方便」となり、福祉多元主義が「公共部門の財政責任を看過」したのと同じ問題を引き起こしてしまうことを危惧する（井出：一）。報告書そのものの性質が、「小さな政府」志向のあり方を地方自治にさらにビルトインして、公共部門と財政責任の縮小を正当化するものであるといえる。

また、「報告書」では、「自治体行政」や圏域での「行政」という言葉は何度も出てくるが、自治体が行政機能だけでなく政治機能をもつことを前提とした「地方自治」「地方分権」という言葉が出てこない（白藤二〇一九：二一）。自治体や圏域行政が、地方自治の担い手としてではなく、「各府省の施策（アプリケーション）の機能が最大限発揮できるプラットフォーム」（自治体戦略二〇四〇構想研究会：三六）で、国の政策・事業官庁の施策・事業を実施する「普通地方行政官庁」（金井二〇一八：二五）であり、「中央集権的な行政の『受け皿』としての性格」をもち（平岡①：七五）、「自治体戦略」が国家戦略に「従属する」（白藤二〇一九：二五）ものと位置づけられている。圏域行政は、地方自治がもつ「政治的側面を捨象」し、行政として「すでに決まったものを誰が分担するのかという議論に矮小化」した考え方で、「民主的統制の問題への関心が乏しく、アンバランス」（金井二〇〇九：五）なものであると指摘されている。

圏域マネジメントの法制化については、片山善博も、「法律上の枠組みなど不要であるのみならず有害」で、「大事なことは当事者である住民と自治体が地域の将来について真剣に考え、選択することである」と指摘する（片山：一六）。第三二次地制調の第一七回専門小委員会（二〇一九年五月三一日）で全国町村会の会長は、「制度構築と運用の仕方によっては、中心市周縁部の町村の自立とは反対の、町村を衰退させ、消滅させかねない危険性を持っている」と強く批判している。(4)

これらの指摘は、人口減少社会の小規模自治体のあり方を考えるには、新たな制度的枠組みを形成する改革よりも、現行の取り組みを評価・検討し、今ある制度の活用を考え、その延長線上に自治システムを模索することが現実的で「地方自治の本旨」に沿うものであるということを示唆している。小規模町村の全国的なネットワークである「全国小さくても輝く自治体フォーラムの会」の会員町村をはじめ全国の小規模自治体や、そのような市町村を抱える都道府県の現場での対応策にも、制度改革の方向性を示唆する多くのヒントがある。(5)

2　「圏域マネジメントと二層制の柔軟化」と利害調整

圏域マネジメントとは、「圏域単位での行政のスタンダード化」で、圏域単位での集積と都市機能維持のために、初めは法制化された行政分野で中心都市に行政資源を集中投資して周辺市町村への資源投資を縮小・撤収するもので、周辺市町村を中心都市に従属させ、周辺市町村の自己決定権を抑制し、中心都市が圏域の決定権を吸収するものである。いずれは周辺市町村の自己決定権全体を浸食することになる（本多：三八、金井二〇一八：二四）。圏域マネジメントにより、中心都市に集積・集権した圏域ができあがり、圏域行政では、「市町村合併をせずとも、実質的に、国の各府省庁の政策遂行の受け皿となる『普通地方行政官庁』を『圏域』に創設する」ことになる（金井二〇一八：二四）。

「報告書」は、政策決定における利害調整に関しては、現状の連携では、「利害衝突がなく比較的連携しやすい分野にその取組が集中して」おり、「都市機能（公共施設、医療・福祉、商業等）の役割分担など、負担の分かち合いや利害調整を伴う合意形成は容易ではない」ので、圏域行政によって「圏域内の市町村間の利害調整を可能とすることで、深刻化する広域的な課題への対応力（圏域のガバナンス）を高め」たいという（自治体戦略二〇四〇構想研究会：三五）。そこでの「容易」な合意形成とは、圏域マネジメントによって中心都市に圏域の決定権が集中して、「周辺部を切り捨てるという、困難な利害調整を伴う対応力」を圏域が持ち、中心都市が周辺市町村に「屈服を強要」するものであり、「勝者と敗者の選別」が圏域マネジメントの意味となると指摘する（金井二〇一八：二四）。

二層制の柔軟化は、都道府県の機能・役割を大きく転換するものである。「報告書」では、「都道府県は区域内に責任を有する広域自治体として、都道府県の根幹的な役割の一つである補完機能、広域調整機能を発揮し、核となる都市のない地域の市町村の補完・支援に本格的に乗り出すことが必要」で、「大都市等を中心とした圏域内の行政は大都市等による市町村間連携にゆだね、都道府県の補完のほか支援の手段がない市町村にリソースを重点化する必要がある」という（自治体戦略二〇四〇構想研究会：三六）。これは、「圏域マネジメントが成立しない地域に、二層制の柔軟化が必要」であり、都道府県を「圏域外の市町村の区域を対象とした代行機関」として位置づけるものである（金井二〇一八：二五）。都道府県に補完される側の市町村では、自らの自己決定権を貫徹できず、都道府県のマネジメントが支配的になる。地方自治の二層制が、実質的には、「圏域で集積された中核都市」が政策決定権をもつ圏域と「二層制が柔軟化されて圏域外のみを対象とする府県」からなる一層制になり、地方自治体としての「市町村の消滅」（金井二〇一八：二四）であり、日本の地方自治において「政治的デモクラシー」の「拠点」（新藤：一一三）の一つといえる都道府県の役割・機能を縮小・矮小化し、「地方自治の保障を空洞化する」（本多：三九）ものといえる。地方創生のもとでの連携中枢都市圏構想などの「新たな広域連携」は、「機能的合併」政策であり、「ステルス（隠れた）合併」であるとの批判があるが（白藤二〇一四：三二）、圏域行政では、圏域マネジメントが制度化されるという点で「ステルス」でさえなく、広域連携の装いをした市町村合併といえる「機能的合併」そのものであると考えられる。

自治制度改革の方向性は、「地方創生」などでみられる「集権・競争型自治」モデルや圏域行政といった「機能的合併」論のようなあり方だけではない。「距離的にも心理的にも住民から距離がある圏域の中心都市や都道府県に地域のマネジメントを集中させるのではなく、狭域の基礎的な自治体における住民の自己決定権を支援するための連携や補完の仕組みが設計」（本多：三九）できる。その一つは、基礎的自治体の自治を基盤に、都道府県による支援・補完機能も含む重層的な自治体間連携の仕組みを組み込んだ「多元・協働型自治」モデルで、圏域自治といえるあり方である。

以下では、小規模自治体などが連携する水平連携と、それらに都道府県の市町村支援・補完機能が加わった垂直連携に注目して、重層的な自治体間連携の実際を事例分析しながら圏域自治のあり方を検討してみたい。

二　重層的な自治体間連携の事例—京都府笠置町

まず、京都府笠置町のある相楽東部における取り組みを概観してみよう。笠置町は、人口が一、三六八人（二〇一五年現在）と府内最小で、世帯数六四四世帯、面積は約二四平方キロ、京都府の最南端に位置し、府総合出先機関の山城広域振興局管内（七市七町一村、人口約七万人）にある。その中の相楽東部は、笠置町、和束町（三、九五六人）、南山城村（二、六五二人）からなり、三町村の合計人口が

七、九七六人で、高齢化率四二％である。国立社会保障・人口問題研究所の推計による、二〇四〇年推計は三町村合計で四、四六五人と四四％もの人口減少が見込まれている（相楽東部未来づくり推進協議会：二）[6]。

1　笠置町の重層的な水平連携

「平成の大合併」時の二〇〇二年に、相楽郡七町村（山城町、木津町、加茂町、笠置町、和束町、精華町、南山城村）で任意合併協議会が設置されたが、相楽東部三町村の財政問題が原因で解散となり、木津川市（山城町、木津町、加茂町）が誕生した。合併できなかった相楽東部三町村は、地方交付税の削減、税収の減少、人口の減少などの厳しさから、二〇〇五年に「笠置町・和束町・南山城町首長会議」で議論し、二〇〇六年に「相楽東部広域業務連携協議会」設置し、京都府の助言もあり、二〇〇八年に「相楽東部広域連合」（府職員が事務局長）を設置した。この広域連合では、三町村の小学校と中学校の統合教育委員会（三分室）を設置・運営し、三町村の「相楽東部じんかい組合」も移管し、広域にわたる広報誌発行や保健福祉組織の設置・運営事務などを行っている。

他にも、国民健康保険山城病院組合と相楽中部消防組合（三町村と木津川市）、し尿処理や消費生活センターの設置・管理運営などは相楽郡広域事務組合（三町村と木津川市、精華町）、京都府後期高齢者医療広域連合（府内全市町村）、さらに、二〇一七年度から笠置町は、南山城村と隣県にある三重県伊賀市とで「伊賀・山城南定住自立圏」で連携を行うなど、重層的な水平連携を組合せながら自治に取り組んでいる。

2　京都府との「府町村連携」

笠置町などは、京都府も入ったＪＲ関西本線（加茂以東）沿線地域公共交通活性化協議会（三町村と京都府）や京都地方税機構（京都市を除く全市町村と京都府）などの自治体間連携も行っている。

京都府では、国の連携中枢都市圏や定住自立圏の制度にあてはまらない小規模自治体などによる広域連携を推進する新たな仕組みとして「府町村連携」が重要だと考えている。国が進める「集約化型」ではなく、府との連携で市町村がそれぞれの強みを周辺市町村に波及させ、持続可能な生活圏の再構築と共生型のまちづくりを目指す「分散・共生型」の仕組みである。(7)

二〇一七年度に京都府と相楽東部三町村との「府町村連携」として「相楽東部未来づくりセンター」が設置され、センター長は山城広域振興局副局長が兼務で、三町村と京都府の職員（計四名）が相互の役場の職員を併任している。交流人口・定住人口の拡大に向けた地域創生事業の展開や、府と町村職員が共同で知恵とネットワークの結集、政策連携・共同化の推進のため開設した。二〇一七年度から地方創生の交付金事業を実施している。

センター設立前の二〇一六年度に、京都府と三町村、相楽東部広域連合が連携して、戦略的に地域の活性化を推進するために「相楽東部未来づくり推進協議会」が設置された。現在、情報交換や連絡調整を行い、「相楽東部未来づくりセンター」の取組状況の確認や『相楽東部未来づくりビジョン』（二〇一八年三月）作成とその進捗管理などを行っている。この本部会議委員には、三町村長、京都府山城広域振興局長、相楽東部未来づくりセンター長、京都府総務部長・政策企画部長が入っており、その幹事会として各課題解決のために特定分野（移住、定住、広域観光、子育て等）ごとに関係者のプロジェクトチームがある。

表１　笠置町などを取り巻く重層的な自治体間連携

名称	組合などを組織する地方公共団体名	処理する事務
相楽東部広域連合	笠置町、和束町、南山城村	広報誌の発行、障害支援区分審査会・福祉有償運送共同運営協議会・要保護児童対策地域協議会・障害者自立支援協議会の設置及び運営、教育委員会の設置及び運営、一般廃棄物の収集等、じんかい処理施設の設置等、いじめ調査委員会の設置及び運営
国民健康保険山城病院組合	木津川市、笠置町、和束町、南山城村	病院の経営管理、介護老人保健施設の経営管理
相楽中部消防組合	木津川市、笠置町、和束町、南山城村	消防に関する事務
相楽郡広域事務組合	木津川市、笠置町、和束町、南山城村、精華町	ふるさと市町村圏計画の策定・実施、し尿処理、浄化槽汚泥収集等許可、消費生活センターの設置・管理運営、休日応急診療所の設置・管理運営
伊賀・山城南定住自立圏	三重県伊賀市、笠置町、南山城村	生活機能の強化、結びつきやネットワークの強化、圏域マネジメント能力の強化
相楽東部未来づくりセンター（共同事務所）	笠置町、和束町、南山城村、京都府（山城広域振興局）	府と町村職員が共同で知恵やネットワークを結集し、産業振興、人口交流・移住定住など役場機能の共同化を推進
ＪＲ関西本線沿線地域公共交通活性化協議会（事務局）	笠置町、和束町、南山城村、京都府	相楽東部広域バス運行（株式会社キタモリに委託、加茂駅－月ヶ瀬口駅間を月・水・金・土運行）
京都地方税機構	京都府、京都市を除く全市町村	地方税に関する申告書等の受付、税額の算定及び調査事務、地方税と国民健康保険料に係る滞納整理事務等
京都府後期高齢者医療広域連合	府内全市町村	後期高齢者医療制度の事務のうち被保険者の資格管理、医療給付、保険料の賦課、保健事業等

［出所］京都府・京都府立大学京都地域未来創造センター『小規模市町村に対する都道府県支援手法調査調査研究報告書』（2018年３月）、11ページ、をもとに筆者が一部付加修正。

京都府では、組織的・人的な市町村支援に加えて、財政的支援として「京都府市町村体制づくり支援交付金」制度がある。(8)市町村等の体制づくりの推進に資する事業に交付し、交付対象事業の交付基礎額（特定財源を控除した後の額の概ね二分の一を目安）の合計額以内の額を交付している。三つの支援区分があり、①小規模市町村支援（財政力が脆弱な小規模市町村における財政健全化のための改革の取組を支援）、②広域連携事業支援（府と市町村間または市町村間における事務共同化・業務連携、一部事務組合・広域連合の行革等の改革の取組を支援）、③公共施設マネジメント支援（将来に備えるために公共施設の運営改善・あり方の見直し等の取組を支援）、である。二〇一七年度の交付金額は、二億円で、一〇市九町一村に交付した。笠置町は、二〇一七年度に京都府から市町村体制づくり支援交付金として、①小規模市町村支援で公共施設・町道・林道維持修繕等に約三二六万円、②広域連携事業支援として、相楽東部未来づくりセンター設置に一三万円、合計約三三九万円の交付を受けた。

笠置町では、これまでの取り組みの経緯やその積み重ねにより、単独では取り組むことが難しい事業を、事業分野ごとに多様な水平連携に加えて、相楽東部三町村と京都府・山城広域振興局とによる垂直連携も組み合わせ、少なくとも九層にわたる重層的な自治体間連携を組合せながら自治を行っている（表1）。

三　都道府県による市町村支援・補完機能―垂直連携

京都府のような小規模自治体に対する支援・補完機能については、先の「報告書」では、「人口減少が先行して進んできた一部の県では、県が市町村と一体となって様々な施策を展開して地域を守ろうとする動きが顕著になっている」が、「市町村の補完に積極的に取り組んでいる都道府県は少数派にとどまる」（自治体戦略二〇四〇構想研究会：二二）とある。しかし、「都道府県の補完機能、広域調整機能は、現状でも多くの都道府県で何らかの形で行われており」、「今後その重要性は確実に増し、都道府県の関わりも増えてくるものと思われる」（全国町村会・人口減少社会における町村行政に関する委員会：一九）との見方もある。

都道府県による市町村支援・補完の取り組みでみられる垂直連携を「協働的な手法」として、「小規模市町村が多い都道府県を中心に、県と市町村がそれぞれ有する総資源を活用し、都道府県と市町村が一体となって行政サービスを提供する取組」であるとして、その「協働的な手法」が広がっているとの指摘もある（広域連携が困難な市町村における補完のあり方に関する研究会②：五）。そこでは、①橋梁点検の発注代行など「県による包括発注」、②県と市町村のワンフロア化や予算一元化など「県・市町村事業の一体化」、③過疎地域の公立病院再編など「県と市町村の役割分担の再編」、④県職員が市町村の役場に常駐するなど「現場に入る県職員」、⑤「知事と市町村長の定期的な議論の場の開催」、⑥ごみ処理の広域化など「市町村間の協議の支援」、といった六つのパターンが示されている。もう一つ、連携協約の締結による「協働的な手法」も考えられる。

ちなみに、都道府県別で人口一万人未満の市町村数（以下で（ ）内は市町村数）が多い都道府県の上位一〇は、順に、北海道（一二二）、長野県（四三）、福島県（三三）、高知県（一九）、沖縄県（一八）、奈良県（一八）、熊本県（一七）、鹿児島県（一七）、青森県（一四）、山形県（一四）、である。[9] そのうち、高知県と沖縄県、奈良県以外の七道県が、地方自治法一五五条などの地方事務所などの総合出先機関を設置している（福島県は一五五条該当ではないが総合出先機関類型である）。総合出先機関を設置している都道府県では、日常的にその管内において総合出先機関が個別の市町村や市町村間連携に対して支援・補完機能を担っていることが伺える。地制調の答申では、「都道府県が補完を行うために都道府県の出先機関を各市町村に新たに置くことは現実的では」ないとの考え方もあるが（第三一次地方制度調査会：九）、現実の自治体間連携においては、アクターとして都道府県本庁とその総合出先機関を区別して、その機能・役割の重要性にも注目する必要がある（水谷・平岡）。

それでは、圏域での市町村間水平連携と都道府県による垂直連携・「協働的な手法」を中心に現在の事例を、先にみた京都府（同、六）以外に、北海道、長野県、奈良県、山形県に加えて、鳥取県（同、七）について簡単にみてみよう。その際、都道府県と市町村間の連携を都道府県の本庁と総合出先機関との区別と関係のあり方に注目して、とりあえず、①都道府県本庁―市町村連携型、②都道府県本庁・総合出先機関―市町村連携型、③都道府県総合出先機関―市町村連携型に類型化して、簡単に整理してみよう。

1　都道府県本庁―市町村連携型：奈良県

奈良県では「奈良モデル」といわれる垂直連携の取り組みがなされている。(10)「市町村合併に代わる奈良県という地域にふさわしい行政のしくみ」であるとともに、人口減少・少子高齢社会を見据えて、「地域の活力の維持・向上や持続可能で効率的な行財政運営をめざす、市町村同士または奈良県と市町村の連携・協働のしくみ」であり、県と市町村は、それぞれが有する資源（職員、予算、土地、施設）を「県域資源」として捉え、県全体で有効活用している。「県と市町村の役割分担の再編」として県と市町村による一部事務組合を活用した過疎地域の公立病院再編（水谷二〇一九②）や、「市町村間の協議の支援」としてごみ処理の広域化など、県と市町村間の連携も行われている。

「奈良モデル」における県の支援の類型は、①財政支援（補助金、貸付金等）、②人的支援（職員派遣、共同採用）、③県有資産の有効活用による支援（県域ファシリティマネジメント）、④その他の支援（市町村への課題解決策の提案や検討の場づくり）など「シンクタンク機能」の発揮や「調整機能」の発揮、がある。

2　都道府県本庁・総合出先機関―市町村連携型

（一）北海道

北海道では、広域分散型で多様な地域構造があり、人口減少や少子・高齢化が急速に進む中で、市町村の行政サービスを持続的に提供していくには、自治体間の広域連携がさらに重要だとの問題意識のもと、二〇一五年度に「市町村連携地域モデル推進要綱」を策定して「市町村連携地域モデル事業」により道内市町村の広域的な連携の取組を支援しており、「北海道型地域自律圏の形成」（勢一：一）が進んでいる。[11] 定住自立圏構想等の取組を行っていない地域や、行っていても二〇四〇年の人口減少率が概ね三〇％以上の地域でフラットな連携（自治体同士の相互補完と役割分担による連携）などが要件で、連携市町村が必要な生活機能の確保に向けて連携する具体的な事項を定めた地域連携協定を締結し、取組や期間等（概ね五年間）を定めた地域連携ビジョンを策定すると、その取組に対して北海道が必要な助言や支援（一市町村あたり五〇〇万円が上限の地域づくり総合交付金など）を行うものである。二〇一八年度までに一一地域で開始されている。

例えば、八雲町、長万部町、今金町、せたな町は、市町村連携地域モデル事業により北渡島檜山四町連携地域を形成して「北渡島檜山四町地域連携ビジョン」に基づいて連携の取り組みを行っているが、この圏域は函館市を中心市とした二市一六町からなる南北海道定住自立圏に含まれており、少なくとも二重の水平連携により四町は支えられている。

また、北海道の出先機関は、総合出先機関であり、通常の各種事業を通じた道内一四振興局による市町村に対する連携・補完も行われている。

（二）鳥取県

鳥取県では、日野郡三町（日南町、日野町、江府町）と鳥取県が、県と市町村間で連携協約を結んだ全国初の取り組みとして「鳥取県日野郡ふるさと広域連携協約」を二〇一五年に締結して、日野郡における行政サービスの維持・向上や効率的な行政運営を促進するとともに、地域の実状を踏まえた施策を展開することで各町に共通する課題の解決と一体的で持続的な発展をめざしている[12]。

実際の連携では、鳥取県の総合出先機関である西部総合事務所の日野振興センター日野振興局が垂直連携のアクターとして中心的な役割を担っている。連携の具体的事業は、道路の除雪・維持管理や乳幼児への発達支援、消費者被害の防止、圏域教育のあり方の検討・環境整備などに加えて、移住定住や六次産業化など地方創生の分野にも範囲を拡大している。

（三）長野県

長野県では、県の一部個別型総合出先機関として地域振興局が県内一〇地域（佐久、上田、諏訪、上伊那、南信州、木曽、松本、北信、長野、北アルプス）に設置されており、その同じ圏域に市町村の広域行政事務を担う一〇広域連合が各管内市町村により設置されている。

長野県では、自治体間連携に関する基本的な考え方や市町村間連携のフレーム（枠組み）について「自治体間連携のあり方研究会」が『とりまとめ（二〇一六年三月）』を発表した。水平連携に関しては、基本的に二層構造で、広域連合を一階、定住自立圏や連携中枢都市圏などの仕組みを二階とし、その二層構造をもつ圏域のあり方が「基本単位（基本プラットフォーム）」であり、必要に応じて県内外の市町村との定住自立圏など市町村間水平連携による個別事業の共同処理（離れ屋）を組合せながら各市町村の自治・自律を維持することをめざしている。

垂直連携としては、一〇地域振興局ごとに、地域振興局と市町村間で既存の広域的取り組みが行われている。[13] 北アルプス圏域（大町市が中心市的な位置づけで一市一町三村）では、国の財政支援がある定住自立圏などの対象にならない地域であるので、長野県独自の自治体間連携の枠組みで「ミニ定住自立圏」といえる「北アルプス連携自立圏」を形成して、自主的・主体的に連携協約を交わして「北アルプス連携自立圏連携ビジョン」（二〇一九年三月二七日変更）に基づいて施策を展開している。県は「市町村の広域連携推進事業交付金交付要綱」に基づいて連携協約に基づく取組に対して四年間を限度に経費の二分の一を交付する財政支援をおこない、人的支援として大町市と北アルプス広域連合の兼務がかかった県職員一名を大町市に派遣し、北アルプス地域振興局も連携自立圏を支援・補完している。

中心となる市町村がない木曽地域でも、上松町、南木曽町、木祖村、王滝村、大桑村、木曽町の六町村が、木曽広域連合による共同処理に加えて、連携協約を締結して「木曽広域自立圏」を形成し、「木曽広域自立圏連携ビジョン」（二〇一八年一一月一二日改定）に基づいて取り組みを行っている。必要に応じて木曽広域連合も組み込み、県本庁や木曽地域振興局が支援・補完している。二〇一八年度から、移住相談窓口の設置や公共交通の広域路線の共同運行、広域的な観光の振興、木曽路の眺望景観の整備などの連携事業を実施している。

3　都道府県総合出先機関―市町村連携型

（一）山形県

山形県では、住民に身近な市町村では、人口減少の加速化や行政ニーズの多様化・複雑化、職員数の減少などが安定的・持続的な行政サービスの提供に大きな影響を及ぼしているという認識のもと、『山形県　県・市町村連携推進方針（二〇一八年三月）』を策定して市町村の自立的な行政運営を確保するとともに、市町村それぞれの「地域創生」を実現し、ひいては県全体で「やまがた創生」を実現するため、これまでの地域内はもとより地域の枠を越え、分野の枠も越えて、県と市町村とのさらなる連携を推進している[14]。

山形県は、市町村の自立的な行政運営の確保のために、専門技術職員が不足する町村等への助言・支援や災害時の応援、人事交流・研修等による人材育成支援、行財政運営に関する助言などを行うとともに、業務の効率化・事業効果の拡大をめざして事務の共同実施や施設・システムの共同設置・共同利用に加えて、一部事務組合、事務の委託、定住自立圏、連携中枢都市圏など市町村間連携を促進している。

山形県では、総合出先機関として四つの総合支庁が二〇〇一年度から設置されているが、二〇一六年度に見直しを行い、県内四地域体制の枠組みを維持しながら、総合支庁が担う地域振興の役割を地域における市町村支援に重点化し、地域課題の解決に向けたサポート機能を強化した。本庁が全県的な視点からの政策立案と全体方針の策定などを行い、総合支庁は現場機能の発揮と地域課題の解決に向けた総合的な調整（市町村との連携、市町村間連携の調整）を行う。そのため、総合支庁の総務課内に「連携支援室」を設置し、地域課題の把握、市町村間連携の調整、市町村との連携・協働等を推進し、総合支庁内横断の「連携支援サポートチーム」を設置して総合支庁の力を結集した総合的支援を実施している。

（二）静岡県

静岡県における垂直連携では、都道府県出先機関を新たに再編して、それが圏域の市町村や市町村同士の水平連携を支援・補完しているという特徴がある[15]。具体的には、伊豆半島にある賀茂地域の振興と危機管理体制の強化に向けた施策を進めるため、既存の賀茂地域政策局と賀茂危機管理局を統合して賀茂振興局を二〇一五年四月に設置・開局した。賀茂振興局は、静岡県本庁と賀茂地域内市町村との結節点において市町村支援・補完機能を担っていると考えられる。同年八月には、賀茂地域を含む伊豆半島の振興に関する担当副知事も任命し、静岡県本庁とその出先機関が市町村との垂直連携を促進している。

賀茂地域は、下田市、東伊豆町、河津町、南伊豆町、松崎町、西伊豆町の六市町からなる。六市町の連携強化と一体的な振興を図るための方針や計画の決定を行うことを目的に賀茂地域広域連携会議が設置され、六市町の首長と静岡県賀茂振興局長（議長）により組織されている。賀茂振興局による賀茂地域に対する垂直連携のあり方は、県出先機関が県内の賀茂地域という一圏域の自治にかかわって拡充した取り組みであると考えられる。二〇一六年度に消費生活センターを六市町と県による連携協約の締結により共同設置し、二〇一七年度から五町で地方自治法に基づく指導主事を共同設置した。税の徴収事務の共同処理や地籍調査の共同実施、介護事業所指定・指導監督の共同実施も行われている。

四　市町村間の水平連携による重層的自治体間連携と意思決定

次に、重層的な水平連携のあり方を、長野県の南信州圏域において広域連合と定住自立圏構想の二層のあり方と関係や意思決定のあり方もみながら、事例分析する。(16)

南信州圏域は、飯田市と下伊那町村会に属する三町一〇村の一四市町村からなり、圏域面積は香川県や大阪府よりも広く、圏域人口は一七万人弱である。ここでは、市町村を単なる行政単位ではなく、政治の単位としての共同体・自治体としてとらえ、小さな市町村の自律・自治の取り組みを大切にしながら自治体間連携を工夫している。政治や自治の単位であるから、例えば、阿智村は「小さな自治」として町内の八自治組織に地域内分権しながら温泉を活かした観光政策、泰阜村は福祉政策、下條村は子育て支援、根羽村は林業政策、などといったように、各市町村の地域課題に応答して特色ある地域づくりに取り組んでいる。合併したら、それらの個性ある自治の取り組みがなくなってしまう。

自律した市町村自治を基盤に、長野県本庁・南信州地域振興局と市町村による垂直連携を含めて主として三層の自治体間連携を活用している。県本庁と県総合出先機関の南信州地域振興局は、個別市町村だけでなく、南信州広域連合とも連携を行っている。地域振興局と広域連合との関係は「車の両輪」で、地域振興局にとって広域連合はなくてはならない存在であると考えられている。南信州圏域では、南信州広域連合（一階）と南信州定住自立圏（二階）の二層構造からなる水平連携が「基本単位（基本プラットフォーム）」で、事務の性質に応じて二層を使い分けている。

1　南信州広域連合による水平連携

南信州広域連合は、一九九九年四月に設立され、消防とゴミ・し尿処理、介護保険や障害者福祉関係の事務などを処理している。広域連合議会があり、議員定数は三三人で、小規模町村にも一人の定数を割り当て、相対的に飯田市の議員が少ない。

最も重要な意思決定機関は、一四市町村長からなる「広域連合会議」で、オブザーバーとして南信州地域振興局長や飯田保健福祉事務所長、飯田建設事務所長など圏域の県の出先機関長も参加して毎月一回開催され、ここで重要事項の議論と政治的な調整、実質的な決定が行われている。県の南信州地域振興局長などは、ここに参加することとで広域連合に関する重要な情報のほとんどすべてにアクセスできているという。

広域連合会議の下に、正副連合長と三部会長（総務・文教・消防、建設・産業・経済、環境・福祉・医療）といった五名の市町村長が参加する「正副連合長会議」が月一回、広域連合会議の一週間前ぐらいに開催される。さらに、専門部会所属市町村長による「専門部会」が月一回、広域連合会議に合わせて開催される（南信州広域連合：四七）。広域連合会議と合わせて月に二回は市町村長が集まる場が制度化されており、市町村長どうしの「風通し」が良い。

事務方の行政的な調整の場としては、構成市町村総務担当課長による「幹事会」があり、議会本会議の前などに開催される。「幹事会」のもとに介護保険やゴミ処理、広域観光など事務ごとに一四市町村職員による「担当者会議」があり、必要に応じて適宜開催されている。南信州広域連合における広域連合議会以外の意思決定のラインとしては、「広域連合会議―正副連合長会議―専門部会―幹事会―担当者会議」が形成されており、そこにボトム・アップとトップ・ダウンの流れで意思決定がなされていると考えられる。

なお、広域連合は広域計画を策定するが、ここでは市町村の総合計画にならい、広域計画の域を超え、市町村が一体となって現在と将来の課題を見すえて「基本構想・基本計画（第四次広域計画）」（二〇一五～二〇一九年度の五年間の行政計画）を政治・行政的な合意を得て策定し、現在実施されている。この広域計画のあり方が、圏域での連携を実効性のある確かなものにしている要因の一つとなっている。

2　南信州定住自立圏構想による水平連携

飯田市が中心市で、定住自立圏の事務局を飯田市の企画課に置き、救急医療体制の確保や産科医療体制の確保、病児・病後児保育事業、成年後見支援センターや産業センターの運営等の事業に取り組んでいる。

定住自立圏は広域連合で共同して行うよりは少し敷居が低く、「定住自立圏は広域連合の取組みを補完するものであり、定住自立圏構想に関する市町村間協議は、主に広域連合の場で行われている」（長野県南信州広域連合：四八）。当初は導入にあたり町村議会では、飯田市に吸収されていく政策になるので反対だとの意見があったが、南信州広域連合の広域連合会議などで議論して、個々の町村と飯田市が個別で協議をしないで、飯田市との調整は下伊那町村会として行うということで議会の賛成を得たようだ。また、下伊那地域の町村が飯田市の都市機能に支えられ、飯田市は圏域町村の存在によって成り立っており、首長同士の相互の信頼関係が厚いという基盤のもとで取り組みがなされている。

五　重層的な自治体間連携と圏域自治

ここまで、小規模町村を取り巻く圏域で、多様な重層的自治体間連携の取り組みが現実に工夫されていることの一端をみてきた。そこでは、定住自立圏など市町村間の政策ベースの連携・水平連携だけでなく、広域連合や一部事務組合などの機構ベースの水平連携も重要な機能・役割を担っており、さらには市町村と都道府県の垂直連携、「市町村間の水平連携＋都道府県」の垂直連携も重層的な自治体間連携を構成していることがわかった。垂直連携では、都道府県本庁だけでなく都道府県出先機関、特に総合出先機関の機能も小さくなかった。そのような市町村と都道府県からなる二層制の自治と自律した自

図1　「多元・協動型自治」モデルにおける「圏域自治」のイメージ

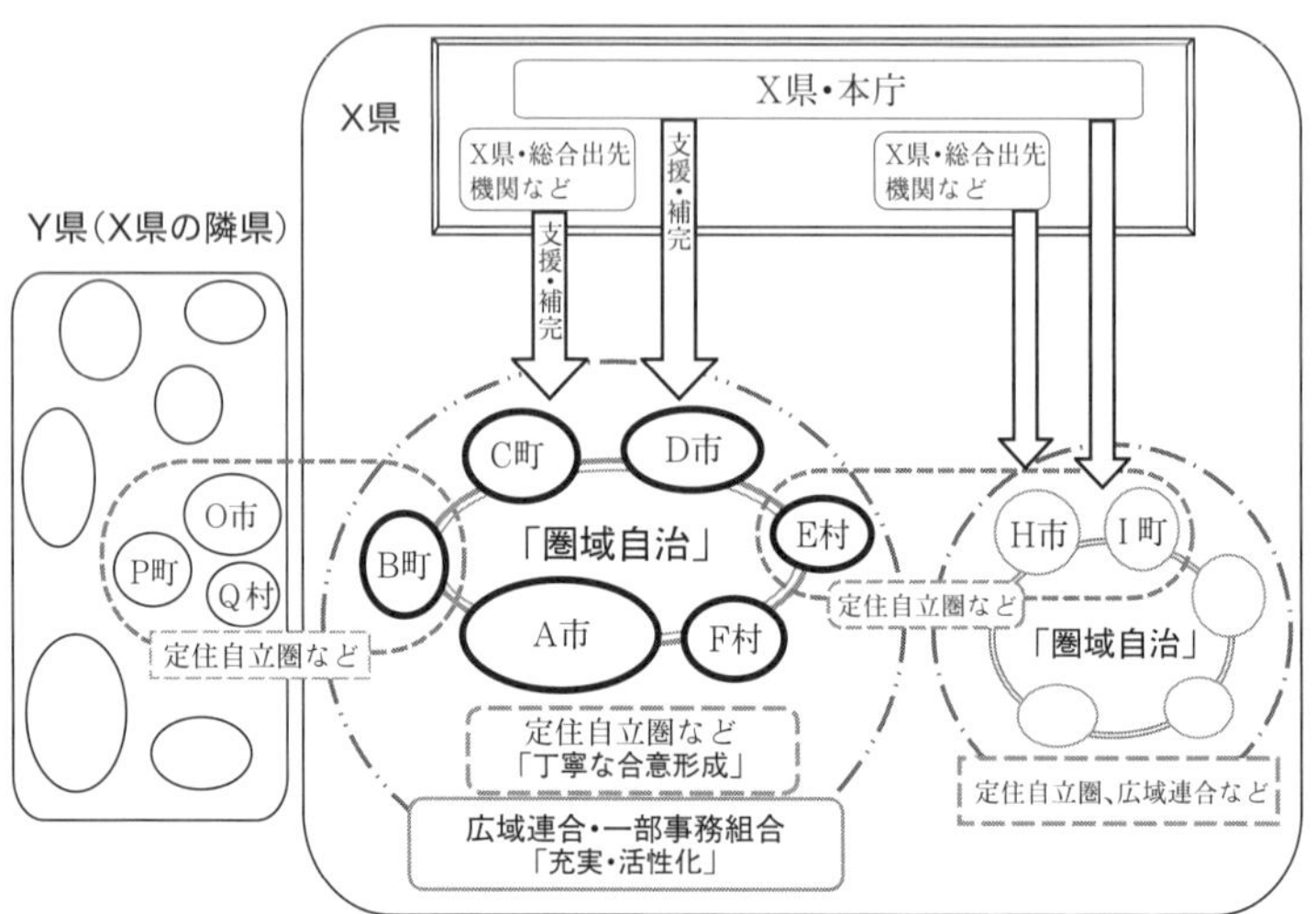

出所：筆者作成（水谷①2019：43ページ図を一部修正）。

治体を基盤にして、機構ベースと政策ベースの自治体間連携を重層的に組み込んだ圏域における地方自治のあり方を「多元・協働型自治」に基づく圏域自治と考えたい。圏域マネジメントにより行政を行う圏域行政ではなく、住民参加や権力の民主的コントロールを必要とする政治と行政の機能が発揮され織りなす地方自治の空間を圏域自治と捉えたい[17]。それをイメージ化したものが、図1である。

1　圏域自治と民主的統制

その圏域自治のあり方を考える際に、広域連合や一部事務組合などと定住自立圏や連携中枢都市圏における構成自治体間の利害調整や合意形成、意思決定の制度慣行のあり方が問題になってくる。

広域連合や一部事務組合は、小規模自治体にとって、「自治体間の自主的で対等平等な協力・連携」として重要な役割を果たし、構成市町村間で合意形成を図りながら事務の共同処理を行って自治体の自治を補完してきた（平岡②：二一〇）。定住自立圏も、南信州定住自立圏などでみたように、広域連合を補完して小規模自治体の自治を支えていた。ただ、構成市町村にとっては、当該事業に関して単独で意思決定ができず、迅速・状況適応的な対応が難しく、住民による民主的統制が及びにくく、責任の所在が不明確になるなどのデメリット・「民主主義の赤字」問題が指摘されている（嶋田：五八―五九）。住民は自分が属する自治体に対してだけ参政権をもち、広域連携のパートナーである他の自治体や広域連合などに対してはもたない。広域連合などでは独自の議会が設置され、広域連合などに対し住民は自ら属する自治体の首長や議会議員を通して間接的に民主的統制を行使することにならざるをえない。運用の実態をみると、広域連合などでは一般的に、議会の審議が形骸化して、住民による実質的統制が及びにくく、構成団体の意見調整に手間がかかり、協議を調えることが難しい（鈴木：四四―四六）。連携協約による定住自立圏などでも同様に、広域連合などよりもさらに個別自治体に対するアカウンタビリティを十分に確保しにくいことがある。「民主主義の赤字」については、構成自治体の立場から「民主主義の黒字」もあるとの見方もある（鈴木：四三―四四）。広域連合などでは、構成団体が拒否権をもつため合意形成が困難といわれるが、逆にいえば構成団体からの統制が効いており、構成自治体の首長や議会の広域連合に対するガバナンスは一定程度機能しているとも考えられる。

また、現実の自治体間連携などの合意形成場面では、合意形成主体間は必ずしも対等な関係ではなく、交渉力は「（ときとして圧倒的に）非対称的」であり（齋藤：三八―三九）、「パワーの不均衡」（嶋田：五二）があるので、不利な立場にある主体は合意形成の帰結が意に沿わない場合でも何らかの補償の提示や条件の譲歩があれば合意を受容する傾向がある。

一方で、定住自立圏は、「協定締結という形で、『外交』交渉を組み込んで、『周辺部』が『中心市』の行う行政サービス提供への民主的統制をしよう」と試みるものであるが、国による中心市への選択と集中を志向するものである。特に、財政支援により「『中心市』を国策として優遇すると『中心市』の行政能力はますます高まり、『周辺部』の交渉力」は下がり、「短期的に表面上は対等な交渉を可能にするように見えて、中期的には、『中心部』に対する『周辺部』の従属が高まるように仕掛けができている」と指摘されている（金井二〇〇九：一四―一五）。定住自立圏のなかには、「報告書」でいう圏域マネジメントが既に埋め込まれており、「『周辺部』の市町村及びその住民は、行政サービスへの民主的統制の回路を先細り」させられて、「合併に伴う『周辺部』の衰退と同じ効果を持つ」ことになる。

連携中枢都市圏は、「自治体戦略二〇四〇構想の重要な柱である圏域行政において中核的な位置づけが与えられ」、「定住自立圏よりさらに自治体間の非対称性が強まっている」（平岡②：二〇―二一）。そこでは、「具体的な取り組み内容は議会の承認を要しない都市圏ビジョンに定められ、策定後も適宜改定」されるので、「連携中枢都市圏では住民自治がきわめて希薄になる」。「連携中枢都市圏は、定住自立圏とともに、圏域行政の制度化を先取りし、条件整備する制度であると位置づけ」られる。他方で、「その取り組みが各自治体の自主性にゆだねられている限りでは、自治体間の対等平等な連携の取り組みによって、その国家政策による画一性や財政誘導などにともなう弊害を緩和し、一定程度克服することも」まだ可能だと考えられる（平岡②：二三）。

2　広域連携における民主的統制の具体策

住民が自ら属する自治体を通じて広域連合や定住自立圏などを民主的に統制し、構成自治体に対するアカウンタビリティ・説明責任を確保するガバナンスの仕組みや対等平等な合意形成の方法を工夫する必要がある。考えられる方法をいくつか列挙してみよう。

広域連携を構成する各自治体の議会に広域連合や定住自立圏など圏域での取り組みに関する委員会（第三一次地方制度調査会：六）、例えば、常任委員会の一つに「広域連携」委員会などを設置してチェックすることが考えられる。同時に、各市町村の首長部局に現在総務企画課などが担っている広域連携に関する調整事務を専門的・総合的に担当する「広域連携」課などを設置して、首長・執行機関も連携事務のあり方や運用状況を日常的に監視することで広域連携に対する統制を確保することも考えられる。

定住自立圏などに関しては、中心市と近隣市町村との「丁寧な調整」や首長同士の定期的協議を中心市宣言や連携協約などに書き込むことも考えられる（鈴木：四七―四八）。また、定住自立圏の取り組みは、南信州定住自立圏などでみたように、広域連合の意思決定手続きと関連づけて、そこでの首長会議などで合意形成や意思決定をはかることで、民主的統制を担保することも考えられる。この場合、「一部事務組合化している広域連合制度の刷新と活用」も想定される（本多：二二八）。二〇一二年公布の地方自治法の一部を改正する法律により、「今後、権限移譲の受皿となることが期待される広域連合について、独任制の長に権限が集中することを懸念する声があることを踏まえ、広域連合の長に代えて、執行機関としての理事会を置くことができる」ようになったことを踏まえ[18]、広域連合長に替えて構成市町村の首長からなる理事会を設置することも考えられる。

広域連合は、広域計画を作成しなければならず、広域計画には広域連合が処理する事務だけでなく、これに関連する構成団体の事務についても盛り込むことができ、その構成団体の事務の実施について勧告することができる。その広域計画の策定や各種の政策立案・形成において、「パワーの不均衡」を逓減し丁寧な合意形成と民主的な意思決定がなされるよう、通常の自治体内の意思決定過程と同様に、理事会など首長会議―副市町村長会議―総務企画担当課長などの幹事会―個別政策担当者会議、といったボトム・アップとトップ・ダウンの政策形成プロセスを広域連合の条例などに明記し、実質化することが求められる。

3 「集権・競争型自治」の圏域行政と「多元・協働型自治」の圏域自治

圏域行政による「機能的合併」は、「集権・競争型自治」モデルといえよう。それに対して市町村自治を基盤に都道府県による支援・補完機能も組み込んだ重層的な自治体間連携の仕組みをもつ圏域自治のあり方は、「多元・協働型自治」モデルと考えられる。

中心都市に集権的な圏域行政では、圏域などが「普通地方行政官庁」として国の各府省庁の政策遂行の受け皿であるので、中央集権的で集約的な階統型官僚制による一元的な統治の様相が強い。重層的な自治体間連携による圏域自治は、分権的で多元的な組織編制に基づく「多核性（polycentricity）」（V. Ostrom、伊藤：八三―八四、大西：三一―三九）の特徴をもち、「二重化や重複が組織間の相互調節と自己規制を促し、組織間競争を通じた行政の効率化や民主主義の制度的保障につながる」ものとしての「冗長性（redundancy）」（M. Landau、伊藤：八五）とも親和性がある。圏域自治は、いわゆる二重行政ではなく、むしろ行政の効率化や民主主義の制度的保障につながるものと考えられるのである。

また、地方自治の効果や成果を表す概念に「自治の総量」（磯部）がある。「自治の総量」の「総量」とは、「単に自治事務の量だけでなく、中央政府とは区別された自治システムの総体としてのパフォーマンス」のことで、「憲法の要求している『地方自治の本旨』に沿った自治組織とは、従前の経緯からしても、伝統的な『市町村プラス都道府県』の自治の総量を標準」とするものである。「自治の総量は、各自治体の実力の足し算で得られる総和にとどまるのではなく、むしろ自治政府間の協力や競争という掛け算によって得られるもの」と考えられ、「いかに実力を持った一層制の都市があったとしても標準的な二層制のもつ自治の厚みにはかなわない」ともいう。圏域自治における各市町村・市町村間連携プラス都道府県の「自治の総量」は、それぞれが単独で取り組むよりも「協力や競争という掛け算」により拡大することが考えられる。「自治の総量」論は「多核性」と「冗長性」の両方の要素を合わせもつ概念であると考えられる。

おわりに

今後の小規模自治体を取り巻く地方自治のあり方を考える際には、市町村が主体性を持って試行錯誤を繰り返す現実の動向をみすえて、丁寧な議論を積み重ね、課題を小さくしてメリットと「自治の総量」が拡大するあり方を模索することが求められる。その際、都道府県・都道府県出先機関の役割が重要であり、国の方を向いた「ミニ霞が関」から、小規模自治体などの自治を支えて市町村プラス都道府県の「自治の総量」を拡大するような「デモクラシーの拠点」へと展開していくことが求められる。それは、圏域行政といった「機能的合併」の要素をもつ「集権・競争型自治」モデルと異なって、市町村自治を基盤に、都道府県による支援・補完機能も組み込んだ重層的な自治体間連携の仕組みをもつ圏域自治による「多元・協働型自治」モデルを構築することでもある。

ただ、圏域自治の構成要素の一つである定住自立圏や連携中枢都市圏の取り組みは、現在のところ各自治体の自主性にゆだねられて対等平等な連携の取り組み状況がみられるが、中央政府では、過疎対策事業債で過疎自治体以外を巻き込んだ広域化事業に活用できる仕組みを模索する考えや、立地適正化計画と地域公共交通網形成計画の一体的策定など広域連携が有効な地域・政策分野に社会資本整備総合交付金の重点配分などの財政的インセンティブを積極的に活用する動きがあり、「今後は、連携中枢都市圏における広域連携を促進するための制度改革や財政誘導が強まることが予想」される（平岡②：二三）。そのようななかで、「小規模町村の持続可能性は、地方行政体制のあり方よりもむしろ、将来的に財源保障機能が『小規模町村の「持続可能性」を安定的に維持するためにいかに確保されるか』による」（全国町村会人口減少社会における町村行政に関する委員会：一五）との指摘がある。小規模自治体の自治の維持可能性を高める「多元・協働型自治」モデルの構築においては、地方交付税の充実など財源保障のあり方が重要なカギであるが、それが人口減少社会において最大のネックになるかもしれない。

注

（1）「機能的合併」は、「行政機能の分担」のあり方（定住自立圏構想研究会：三）として、「従来からの手法に加えて新しい連携協約や事務の代替執行の手法も活用しつつ、中心市と周辺市町村の広域連携・水平補完」のこと（横道：三三五）や、「広域市町村圏」のことを評して使われているが（山崎：九二九）、本稿では、周辺市町村の自治権を中心市などに従属させて、市町村合併と同様の効果をもつ「機能的」合併を意味する言葉として使うことにする。

（2）第三二次地方制度調査会第一回総会（二〇一八年七月五日）、配布資料「諮問（案）」（http://www.soumu.go.jp/main_content/000563165.pdf、二〇一九年五月一日閲覧）。

（3）「多元・協働型自治」モデルという言葉は、筆者は以前に（水谷・平岡：三四、など）、「分権・協働型自治」モデルといっていたが、意味内容は基本的に同じではあるが、現在は「分権」を「多元」に替えて「多元・協働型自治」という言葉を使っている（水谷二〇一九：四二―四三）。

（4）全国町村会『第三二次地方制度調査会　第一七回専門小委員会』に荒木会長が出席」（https://www.zck.or.jp/site/activities/18860.html、二〇一九年六月一二日閲覧）、及び、全国町村会・人口減少社会における町村行政に関する委員会「第三二次地方制度調査会への対応について（報告）～抜粋版・地方制度調査会専門小委員会提出用～（二〇一九年三月）」、一八頁（https://www.zck.or.jp/uploaded/attachment/3257.pdf、二〇一九年六月一二日閲覧）。

（5）全国小さくても輝く自治体フォーラムの会・自治体問題研究所編『小さい自治体輝く自治―「平成の大合併」と「フォーラムの会」』自治体研究社、二〇一四年、所収自治体の取り組み、参照。

（6）この章の内容は、主として、京都府・京都府立大学京都地域未来創造センター『小規模町村に対する都道府県支援手法調査研究報告書』（二〇一八年三月）、及び、京都府笠置町総務財政課と京都府自治振興課におけるヒアリング調査（二〇一八年一〇月五日）の内容による。

（7）京都府による行政資料「平成三〇年度 国の施策及び予算に関する政策提案」（二〇一七年六月実施）の「地域創生の推進について」内の「市町村連携の新形態による地域創生について」、参照。

（8）京都府ホームページ「平成二九年度京都府市町村体制づくり支援交付金の概要について」（https://www.pref.kyoto.jp/tiho/1354022172783.html、二〇一九年六月一二日閲覧）。

（9）平成二七年国勢調査人口で、「都道府県別の人口一万人未満の市町村数の推移」（広域連携が困難な市町村における補完のあり方に関する研究会：二一）。

（10）「奈良モデル」については、「奈良モデル」のあり方検討委員会『奈良モデルのあり方検討委員会報告書 奈良モデル～人口減少・少子高齢社会に立ち向かう県と市町村の総力戦～』（二〇一七年三月）、および水谷・平岡（二〇一四）、による。

（11）北海道ホームページ「市町村連携地域モデル事業」（http://www.pref.hokkaido.lg.jp/ss/scs/renkei/model/model.htm、二〇一九年六月一二日閲覧）。

（12）鳥取県ホームページ「鳥取県日野郡連携会議」（https://www.pref.tottori.lg.jp/250115.htm、二〇一九年六月一二日閲覧）、参照。

（13）長野県ホームページ「二　自治体間連携の推進について」（https://www.pref.nagano.lg.jp/kikaku/kensei/soshiki/yosan/kuniyobo/documents/02kuniyoubou2020s.pdf、二〇一九年六月一二日閲覧）、及び、長野県市町村課（二〇一九年二月二五日）、長野県木曽地域振興局（同年八月二一日）、木曽広域連合（同年九月二四日）などにおけるヒアリング調査の内容と提供行政資料、による。

（14）山形県ホームページ「県と市町村とのさらなる連携について」（https://www.pref.yamagata.jp/ou/kikakushinko/020024/chiiki/renkei.html、二〇一九年六月一二日閲覧）、参照。

（15）この節は、自治行政局市町村課「平成二八年度行政事業レビュー「公開プロセス」新たな広域連携の促進について　補足説明資料」（二〇一六年六月二八日）、一〇頁、静岡県「賀茂地域広域連携会議設置要綱」、小牧二〇一六、全国町村会「資料一一—三　各都道府県における地方創生の取組みの成果について（全国アンケート取りまとめ）」（http://www.nga.gr.jp/ikkrwebBrowse/material/files/group/2/11-3kakutei.pdf、二〇一九年六月一二日閲覧）、による。

（16）以下は、主には、全国小さくても輝く自治体フォーラムの会・自治体問題研究所編二〇一四、および、水谷二〇一八、による。

（17）広域連合制度などの導入背景として、「地域の活性化や支え合いを含む地域の力そのものを高めていく」ために、「地域の一体性を成り立たせている圏域」において、「それを一つとして眺め、あるいはとらえる主体」を形成することが不可欠だとの観点から、広域連合を「圏域を一つとして govern する主体」として捉え、それを「圏域自治」とする議論がある（辻山：二六）。本稿では、この議論を参考に、市町村や都道府県を基盤に多様な自治体間連携が機能しつつ織りなされる地方自治の空間を「圏域自治」と考えている。

(18) 総務省『地方自治法抜本改正についての考え方（平成二二年）』（二〇一一年一月二六日）、一七頁、及び、総務省自治行政局「地方自治法の一部を改正する法律（概要）について」（二〇一二年九月）、参照。

参考文献

磯部力「『分権の中味』と『自治の総量』」『ジュリスト』一〇三一号、一九九三年。

井出英策「自治：ソーシャル・ワークと財政の責任」『自治日報』第三九六六号、二〇一八年九月七日。

伊藤正次「多機関連携としてのローカル・ガバナンス―就労支援行政における可能性」宇野重規・五百旗頭薫編『ローカルからの再出発』有斐閣、二〇一五年。

大西弘子「分権の先の自治―ポリセントリシティという評価軸―」石田徹・伊藤恭彦・上田道明編『ローカル・ガバナンスとデモクラシー：地方自治の新たなかたち』法律文化社、二〇一六年。

小田切徳美「自治：『総務省２０４０』の違和感」『自治日報』第三九七〇号、二〇一八年一〇月五日。

片山善博「人口減少下の基礎的自治体・広域自治体を展望する」『月刊ガバナンス』二〇一八年九月号。

金井利之「府県と市町村の消滅―国・都道府県・市町村の三層制から国と圏域・圏域外府県の二層制へ」『ガバナンス』二〇一八年九月。

金井利之「広域都市圏での補完行政と自治制度（特集　分権時代における広域都市圏）」『都市問題研究』第六一巻第一号、二〇〇九年一月。

京都府・京都府立大学京都地域未来創造センター『小規模町村に対する都道府県支援手法調査研究報告書』（二〇一八年三月）。

広域連携が困難な市町村における補完のあり方に関する研究会①『広域連携が困難な市町村における補完のあり

方に関する研究会報告書』、及び、同②『広域連携が困難な市町村における補完のあり方に関する研究会報告書（概要）』（二〇一七年七月）。

小牧兼太郎「地方公共団体の広域連携に関する取組・検討事例について」『地方自治』八二〇号、二〇一六年三月。

齋藤純一「合意形成における理由の検討」金井利之編著『縮減社会の合意形成―人口減少時代の空間制御と自治―』第一法規、二〇一九年。

静岡県「賀茂地域広域連携会議設置要綱」。

自治体戦略二〇四〇構想研究会『第二次報告書』（二〇一八年七月）。

嶋田暁文「人口減少・経済縮小時代の合意形成―差異への着目」金井編著、前掲書。

白藤博行「２０１４年地方自治法改正を読み解く」『住民と自治』六一五号、二〇一四年。

白藤博行「『自治体戦略２０４０構想』と第三二次地制調による法制化の検討」白藤博行・岡田知弘・平岡和久『「自治体戦略２０４０構想」と地域住民』自治体研究社、二〇一九年。

新藤宗幸「自治制度の改革構想」自治体学会編『年報自治体学』第六号、一九九三年。

鈴木潔「広域連携におけるガバナンスのあり方―連携中枢都市圏を中心に―」公益財団法人日本都市センター編集『広域連携の未来を探る―連携協約・連携中枢都市圏・定住自立圏―』公益財団法人日本都市センター、二〇一六年。

勢一智子「自治：空間感覚から考える地方自治」『自治日報』第四〇〇一号、二〇一九年五月二四日。

全国小さくても輝く自治体フォーラムの会・自治体問題研究所編『小さい自治体輝く自治：「平成の大合併」と「フォーラムの会」』自治体研究社、二〇一四年。

全国町村会・人口減少社会における町村行政に関する委員会「第三二次地方制度調査会への対応について（報告）～抜粋版・地方制度調査会専門小委員会提出用～（二〇一九年三月）」（https://www.zck.or.jp/

uploaded/attachment/3257.pdf、二〇一九年六月一二日閲覧)。

相楽東部未来づくり推進協議会（京都府・笠置町・和束町・南山城村）『相楽東部未来づくりビジョン』（二〇一八年三月)。

第三一次地方制度調査会『人口減少社会に的確に対応する地方行政体制及びガバナンスのあり方に関する答申』（二〇一六年三月一六日)。

辻山幸宣「広域連合の現状と論点―効率性と圏域自治の観点から」『都市問題』、第九〇巻第三号、一九九九年。

定住自立圏構想研究会「定住自立圏構想研究会報告書～住みたいまちで暮らせる日本を～」（二〇〇八年五月)。

長野県・自治体間連携のあり方研究会『とりまとめ（二〇一六年三月)』。

長野県南信州広域連合『令和元年度　南信州広域連合の現況』。

平岡和久①「『自治体戦略２０４０構想』と地方自治・地方財政」『自治と分権』第七五号、大月書店、二〇一九年。

平岡和久②「連携中枢都市圏と地方財政」『住民と自治』二〇一九年六月。

本多滝夫「『圏域のマネジメントと二層制の柔軟化』による『二層制のスポンジ化』」『住民と自治』二〇一九年三月。

水谷利亮「自治体どうしも『仲間』で仕事をするの？　―自治体間の連携―」上田道明編『いまから始める地方自治』法律文化社、二〇一八年。

水谷利亮①「小規模自治体の行方―「多元・協働型自治」モデルを求めて―」『住民と自治』二〇一九年三月。

水谷利亮②「公共施設等の再編における広域連携と合意形成のあり方」『都市とガバナンス』第三一号、二〇一九年。

水谷利亮・平岡和久『都道府県出先機関の実証研究―自治体間連携と都道府県機能の分析』法律文化社、二〇一八年。

山形県 県・市町村連携推進会議『山形県 県・市町村連携推進方針（二〇一八年三月）』。
山﨑重孝「地方統治構造の変遷とこれから」総務省『地方自治法施行70周年記念自治論文集』（二〇一八年三月）。
横道清孝「市町村合併と地方行政体制の将来」総務省、同。
Ostrom, Vincent, Charles Tiebout, and Robert Warren. 1961. "The Organization of Government in Metropolitan Areas: A Theoretical Inquiry," *American Political Science Review*, 55 (December), pp. 831-842.
Landau, Martin. 1969. "Redundancy, Rationality, and the Problem of Duplication and Overlap," *Public Administration Review*, Vol. 29, No. 4 (Jul. - Aug.), pp. 346-358.

【本研究は、基盤研究（C）（一般）による「融合型の地方自治制度における『二重行政』の研究」（二〇一四～二〇一六年度、課題番号二六三八〇一七九）、及び、「小規模町村の自律と重層的自治体間連携の実証研究：多元・協働型自治の可能性の検討」（二〇一九年度、課題番号 19K01479）の研究成果の一部である。】

（みずたに　りあき・行政学、地方自治論）

Ⅲ　書評

《書評》

今村都南雄著『大牟田市まちづくりの二つの難題
―「楕円的構図」による把握―』

砂金祐年
（常磐大学）

はじめに

本書は著者を中心とする研究グループが実施した十年間の調査研究のうち、二つめの科研費調査研究プロジェクトの対象自治体のひとつ大牟田市に関する研究成果をまとめたものである。直接的には著者が『自治総研』誌上に四回にわたり分載した「大牟田市のまちづくりにおける二つの難題～その歴史をふり返って～」（著者はこれらを「前稿」と称している）をベースとし、後に同じ『自治総研』誌上に掲載された「持続した「楕円的構図」への関心～大牟田調査に至るまでの長い経緯～」を追録したものである。

本書は「大牟田市の二つの難題」を対象としている。難題の一つめは、都市自治体の主体形成にかかわる問題としての、与論島から大牟田への集団移住者とその子孫たちの苦難に充ちた長期にわたる「市民化」のプロセスである。もう一つは、都市自治体にとって最も基幹的な上水道施設の整備・拡張事業の遅れにより、三池炭鉱専用水道（社水）と市営水道（市水）とが併存する状態が常態化し、その一応の「解決」まで半世紀以上の年月を有したことである。分断と差別という社会的難題と、水道行政という政策上の難題、この二つの焦点が描く「楕円的構図」による大牟田市政の把握を試みることが本書の目的である。

本稿では、掲載順序は異なるが、著者が「楕円的構図」について概説した《追録》及び【追記】に基づいて「楕円的構図による把握」の背景を紹介した後、その後「与論島出身者の『市民化』」と「水道一元化」という二つの難題の事例研究について整理し、最後に全体を通じての本書の意義について述べたい。

一 「楕円的構図による把握」の背景

本書の《追録》によれば、著者が「楕円」の面白さを感じた発端は著者の中学・高校時代の学校教育に遡るという。その後いったんは途絶えた興味が形を変えて再燃することになったのは著者が大学院時代に出会った内村鑑三と大平正芳の「楕円考」であった。

内村鑑三の後半生に書かれた『聖書之研究』に「楕円形の話」と題する一篇が登場する。内村はその聖書研究において「真理は円形に非ず楕円形である」と言い切り、「楕円形の真理の裡に真理の深味と興味とがある」と説くところに著者は一種の衝撃を覚えた。そして社会科学的な認識においてもそのことが妥当するのではないかという漠然とした感覚を持つようになったのだという。

もう一方の大平正芳の「楕円考」については、福永文夫『大平正芳―「戦後保守」とは何か』に依りつつ横浜税務署長だった大平の訓示の一部を紹介している。そこで筆者は「行政には、楕円形のように二つの中心があって、その二つの中心が均衡を保ちつつ緊張した関係にある場合に、その行政は立派と言える」という大平の「行政哲学」を知ることができたという。

著者はその広範な読書経験や数十年にわたる教育・研究生活を振り返りつつ、その時その時において濃淡はありながらも「楕円的構図による物事の把握」にこだわり続けたことを述べている。例えば専門ゼミでは、内村の「楕円の話」を念頭におき、それを自己流に「いびつの美学」や「いびつの哲学」と称して、物事を把握するには、対象の「いびつさ」をとらえることが肝要であり、それをどのように表現できるか、そのことに注文をつけるのが常だったという。また大平の税務署長訓示は、物事を一つの焦点から一面的にとらえるのではなく、それと対比的なもう一つの焦点との関係において複合的にとらえかえすことの重要性を強調するのに有効であったという。また研究においても「審議会と『市民参加』」（『都市問題』第六三巻一一号）において、文中に明言はしていないものの「楕円的構図」による把握を試みている。

「あとがき」において著者は「『楕円的構図』を適用することの最大の妙味は、二つの焦点間における相互の関係、その絡み合いをときほぐすことにこそある」と述べている。これらが「楕円的構図による把握」の背景である。

二　与論島出身者の「市民化」

本書のⅠは、与論島から大牟田に移住した人々とその子孫たちが、差別に苦しみ時代の波に翻弄されながら「大牟田市民」というアイデンティティを獲得するまでの約百年にわたる歴史である。

一八九八（明治三一）年、与論島に猛烈な台風が襲来し以後数年間飢饉に襲われた。時を同じくして港湾労働力の確保を目的として来島した三井物産支店長らが島民らに移住を勧め、これに応じた人々が数次にわたって長崎県口之津（現南島原市）に移住した。一九〇八（明治四一）年に有明海の対岸に三池港が開港すると与論島移住者の多くが福岡県三川町、のちの大牟田市に再移住した。与論島からの移住者たちは主として港湾での石炭の積荷作業に「船積夫」として従事した。しかし地元人夫との間に賃金格差があったという。また与論方言を喋り、風習も異なるものとして地元住民から奇異の目で見られていた。彼ら自身「ヨーロン長屋」と呼ばれる社宅に集住し地元民との交流はほとんどなかった。こうした差別的扱いにもかかわらず、移住者たちは会社側の指示に従順に従い最も厳しい現場の労務に励んでいた。

一九二九（昭和四）年に三川町が大牟田市に編入され、移住者たちはすべて大牟田市民になった。この頃は移住第二世代への世代交代が進みつつあり、徐々に言葉や生活スタイルが変化しはじめていた。また青年団を中心に生活改善運動が図られ「因習打破」が訴えられた。

日中戦争開始の翌年、国家総動員法が公布された一九三八（昭和一三）年に与州同志会が結成された。その目的は従来の生活改善運動と接続を図りつつ、地元民との没交渉の生活から脱し、広く社会に進出すること、そして与論人としての自覚に基づいて「第二世郷土の歴史と文化の形成」につとめることにあったと著者は分析する。戦争が激しさを増すにつれ、この機を捉えて港務所の待遇改善を求める動きがあり、太平洋戦争開戦の翌年には組夫全員が正職員に昇格した。

終戦後、労働組合法の公布に前後して三池炭鉱労働組合が結成された。こうしたなかで与論島移住者においても職場の民主化、標準作業量の改定、賃金形態の改正などに関する議論が戦わされ、具体的な改善がはかられた。また戦後初めての大牟田市議会議員選挙に同郷人二人が立候補しうち一名が当選。以後毎回当選者を出し続けた。これらを通じ与論島出身者たちは他の地区・他の職域から選ばれた市議会議員との関係において、自分たちを相対化する「市民」としての視点を学び取ったと著者は分析している。さらに同時期に、故郷を離れた人々の心の支柱となる「奥都城（納骨堂）」が建立され、これを維持運営する組織として「与州奥都城会」が結成された。

一方でこの頃になると同郷人の間に二つの流れが形成され、対立の溝をあらわにしてきた。労使協調路線をとる側と、組合指導部の方針と組合員の団結によって労働者の生活と権利とを守るとする側である。

やがて三池鉱山に人員整理の波が押し寄せ、与論出身者たちも労働運動に巻き込まれていく。だがそれこそ「市民化」の前提条件であり、意義が大きいと著者は指摘している。

一九五九（昭和三四）年から翌年にかけての三池争議の過程で、三池労組はいわゆる「第一労組（旧労組）」と「第二労組（新労組）」に分裂し激しい衝突を繰り返した。また一九六三（昭和三八）年の三池炭鉱炭じん爆発事故（死者四五八人、ＣＯ中毒症八三九人）の損害賠償請求訴訟においても新旧労組の対立は激しく対立し、これが与論島出身者たちの分断をさらに深刻にした。

しかし新旧労組に無関係な人物が「与州奥都城会」の三代目会長に就任し、「与州奥都城の前では思想・信条を超えて与論島出身者として仲良くしよう」「ふるさと与論島に対する誇りを持ち、大牟田の市民から尊敬され親しまれる人になることにより、『与論』という言葉を誇りの代名詞にしよう」と訴え続けたことで、少しずつ融和が生まれはじめ、親睦会や集団郷土訪問旅行などが行われるようになった。

本章の最後は二〇〇七（平成一九）年、大牟田の夏の風物詩「大蛇山」まつりにおける「一万人総踊り」に与論島出身者たちが初めて参加したことが紹介されている。翌年の総踊りの打ち上げの席で参加者の一人が「やっと大牟田市民になれたかな」と言ったという。このことについて著者は、彼らが「与論の民」であることを自認しつつ、さらに「大牟田の市民」でもあるという重層的なアイデンティティの認知構造にふれたうえで、多様な人々の相互性によって構成される大牟田の市民社会のあり方こそが問われなければならない、と指摘する。すなわち「与論の民」が「大牟田の市民」になるということは、せいぜいのところユンヌンチュ（評者注：与論島出身者）であることだけに埋没せずに、それ以外のタビンチュと交わる「才覚」なり「度量」の習得が求められるということ、それが「市民化」の要諦ではないだろうか、と結んでいる。

三　水道一元化

本書のⅡは、大牟田が市制施行都市になってから現在に至るまでの水道拡張事業について詳細に述べつつ「水道一元化」が遅れた原因について考察している。

大牟田は一九一七（大正六）年に市制施行都市になったが、その時点では自治体としての公営水道施設がまったく整備されていなかった。その代わり三池炭鉱社（三井鉱山）が一九〇九（明治四二）年に整備した専用水道（社水）が社宅や工場、鉱害補償地域など、市域の約一五％にわたる区域に給水を行っていた。市制施行から数年後に市営水道（市水）の通水が始まったが、市水と社水の「水道一元化」が一応「完全実施」されたのは二〇一四（平成二六）年である。その間水道行政の運営に不均衡が生じその解決は長年の懸案事項となっていた。なぜ水道一元化の達成に百年近くかかったのか。これが本章の問題の所在である。

大牟田市の水道事業の歴史は拡張につぐ拡張であったと言ってよい。一九二六（大正一五）年に第一次拡張事業が認可されてから実に九次にわたる拡張事業が行われている。拡張事業が繰り返された原因は給水人口の増加や使用水量の増加であったが、そもそも水源の確保が難しかったこと、慢性的な出水不足に悩まされていたことにもよる。こうしたなか「水道一元化」は一九六〇年代の第六次拡張事業までは議論の俎上にのることはなかった。またいったんは「水道一元化」が当事者間で議論され合意を見たものの後述の理由で放置され、それが「主要な問題」となるまでにはさらに三〇年余りの歳月を費やすことになる。

この経緯を著者は膨大な資料を駆使しつつ詳細に描いている。そのうえで「あとがき」において水道一元化への取り組みにおける錯誤や過誤を三点指摘している。

第一の錯誤・過誤は前述のように「第七次拡張事業に至るまで社水区域を対象区域に包含してこなかった」ことである。これは水道事業の認可基準として「給水区域が他の水道事業の区域と重複しないこと」が求められていることによるものだと推測されるが、この解釈・適用に重大な錯誤があった。水道事業の給水区域を重複しないようにすることは、自治体の水道行政において、当該自治体の地域に存する民間事業者の専用水道の給水区域を除外してしまうことまでを求めるものではないはずだからである。この錯誤の結果として「社水」派と「市水」派との間での市民意識の分断が生じ、水道一元化に向けた市の対応にさらに大幅な遅れを招来する結果となった。

第二の錯誤・過誤が水道一元化の課題に取り組み始めた一九七〇年代初期、大牟田・荒尾両市と三井鉱山側との協議において「水道会社をステップとする一元化方式」の採用で合意をみたことである。そもそも戦後の水道法はいわゆる「市町村優先主義」が採られており、さらに一九七〇年代後半の議員立法による水道法改正でさらに明確に「市町村公営原則」として規定されたため厚生省が難色を示し、

「水道会社設立をステップとした一元化」は宙に浮く形となってしまった。また一元化を可能にする原水の確保について見通しを得ないままの合意であったため、筑後川原水取得を可能にした久留米広域上水道企業団からの受水が可能となった一九八〇年代半ば過ぎまで停滞してしまった。結局一元化が急ピッチで進展し始めるのは三池炭鉱が閉山した一九九七（平成九）年以後のことになる。

第三の錯誤・過誤が水道一元化の完全実施段階を前に表面化した「鉱害補償給水問題」への対応の安直さである。二〇一四（平成二六）年三月末をもって旧三池炭鉱専用水道が廃止され、したがって鉱害補償給水が廃止された。ところが約四四〇〇世帯にのぼる保障給水家屋に対する説明はその前年になって初めて行われた。また補償問題は旧三池炭鉱専用水道の経営を引き継いだフレッシュ・ウォーター三池社との「当事者間での解決」を待って検討を行うとされ、「民事不介入」の姿勢を取り続けた。

なおこの「鉱害補償給水問題」は本書執筆時点では継続中であり、著者は「鉱害補償給水問題への取り組みこそが『最後の関門』となる」と指摘して筆を置いているが、その後の二〇一八年三月末をもって切り替えが完了した。

おわりに

以上が本書の概要である。「与論島移住者の市民化」と「水道一元化」の歴史的展開を、一次・二次資料を駆使して詳細に記述した内容は読み応えがある。特にIの最後に述べられている、市民になるということは、自己のアイデンティに埋没せずに、それ以外の他者と交わる『才覚』なり『度量』の習得が求められるということ、それが『市民化』の要諦ではないだろうか、という指摘は重要であろう。

やや残念なのが、著者自身が述べるように、「『二つの焦点から描かれる楕円的構図による大牟田市政の把握』という企てはいまだ決着していない」点である。このことは「あとがき」においても、「肝心な二つの『難題』の相互の関係が、相変わらずあやふやのままだったからである。そもそものこととして、焦点化した二つの「難問」間では、AがBに作用し、それを受けてBがAに反作用するといった相互家計が顕在化せず、したがって通常の相互関係に置いて想定されるような均衡関係や緊張関係も具象化してこない。さて、どうするか、という問題である」としている。

一方で著者は日本政治学会分科会での口頭報告を引きつつこうも述べている。「これら（評者注：水道一元化の）の錯誤と過誤の累積により、かつて与論島移住者に対する理不尽な差別を経験したはずの大牟田市において、時を隔ててまたもや、れっきとした大牟田市民に対する別種の、これまた理不尽な差別的扱いが平然とまかり通っているではないか、しかもそれが他ならぬ自治体政府における最高の法形式をとった、当該自治体の条例改正に基づく政策上の決定よってなされていることに注意を促し、そのうえでこの種の問題に気付かせてくれたのは、「楕円的構図」の適用による大牟田調査のおかげであったと締めくくった。あえて一言付け加えるならば、これが与論島移住者たちの苦難に満ちた「市民化」の歩みをもうひとつの焦点に定めた、私の大牟田調査における結論的所見なのである」。すなわち「楕円的構図による把握」は別の事例に潜む問題構造の「発見」にその有用性のひとつがあるのだと思われる。

また「楕円的構造の把握」はいくつかの補助的な概念を組み合わせることで「分析の視座」としての有用性が増すのではないかと思われる。例えば筆者も【追記】で引用している御厨貴の『明治国家をつくる　地方経営と首都計画』（藤原書店）は、一八八〇年代における『地方経営』と『首都計画』の楕円構造」の解明を試みているが、そのダイナミズムを描くためにいくつかの補助的な概念を用いている。すなわちトリックスターとしての井上馨―三島通庸―後藤新平であり、マイナー・レベル、メジャー・レベルの争点と両者を両者に切り込むらせん状のレベルの争点、などである。大牟田市の事例にしても、二つの事例の共通のトリックスターとしての三井鉱山を位置づけることや、著者が「かろうじて双方にそろって登場する」とする「爆弾赤痢事件」を争点のひとつとして位置づけることも可能ではないだろうか。

著者によって蹴り上げられた「楕円形のラグビーボール」がどのように転がり、著者自身、あるいは後続の研究者たちによってどのように処理されることになるのか。刮目して待ちたい。

〈本書は、公人社、二〇一八年刊
定価（本体二二〇〇円＋税）〉

Ⅳ　学会記事

◇日本地方自治学会　学会記事

一　二〇一八年度の研究会が十一月一〇日(土)と十一(日)の両日、金沢市ＩＴビジネスプラザ武蔵・近江町交流プラザで開催された。研究会の概要は、以下のとおりである。

(一)　記念講演(十一月一〇日)

「地方自治と私」　辻山幸宣(地方自治総合研究所)

司会　白藤博行(専修大学)

(二)　研究会(共通論題①　十一月一〇日)

テーマ「自治体現場の憲法」

「表現の自由規制　ヘイトスピーチ規制条例を例として」　山口道昭(立正大学)

「生活保護行政の法的統制　自立支援と自治体の判断権限という視点から」　前田雅子(関西学院大学)

「政府間関係再編下の地方財政　交付税・補助金に焦点を当てて」　川瀬憲子(静岡大学)

コメンテーター　岡田正則(早稲田大学)

司会　榊原秀訓(南山大学)

(三)　分科会(十一月十一日)

分科会①

テーマ「地域活性化の課題　交通問題を含めて」

「北陸新幹線後の金沢経済の分岐点　観光化する地域の論点」　佐無田光（金沢大学）

「コミュニティと生活支援」　黒木誉之（長崎県立大学）

「NPO等による移動サービスをめぐる現状と課題」　嶋田暁文（九州大学）

コメンテーター　入谷貴夫（宮崎大学）

司会　山崎圭一（横浜国立大学）

分科会②

テーマ「高齢者の福祉と生活保護」

「福祉行政と公民協働」　土屋耕平（中央学院大学）

「高齢者の人権と生活保護」　棟居徳子（金沢大学）

「後期高齢者医療と負担・アクセスの公平性」　武田公子（金沢大学）

「生活困窮者自立支援事業の財政学的意味」　森　裕之（立命館大学）

コメンテーター　井上英夫（金沢大学）

司会　榊原秀訓（南山大学）

分科会③

テーマ「公募セッション（自由論題）」

「米国における公私主体による〝自治創造〟の動態の把握の試み　HOAと

自治体の関係性を中心に」
「明治～昭和戦後初期会議録・議案等原資料読解」　菊地端夫（明治大学）
　　　　　　　　　　　　　　　　　　　　　　　田口一博（新潟県立大学）
コメンテーター　　　　　　　　　　　　　　　　外山公美（立教大学）
　　　　　　　　　　　　　　　　　　　　　　　駒林良則（立命館大学）
司会　　　　　　　　　　　　　　　　　　　　　村上祐介（東京大学）

㈣　研究会（共通論題②　十一月一一日）
テーマ「小規模自治体における自治のあり方」
「町村総会と総務省研究会報告書」　幸田雅治（神奈川大学）
「小規模自治体と自治体間連携」　水谷利亮（下関市立大学）
「小規模自治体の合併と財政」　小泉和重（熊本県立大学）
コメンテーター　本多滝夫（龍谷大学）
司会　礒崎初仁（中央大学）

二　総会

二〇一八年度総会が十一月一〇日（土）に金沢市ＩＴビジネスプラザ武蔵・近江町交流プラザで開催され、二〇一七年度決算・会計監査、二〇一八年度予算、役員について審議し、承認された。

〈理事長〉平岡和久（立命館大学）

〈理事〉二六名

礒崎初仁（中央大学）、今里　滋（同志社大学）、牛山久仁彦（明治大学・組織委員長）、内海麻利（駒澤大学）、大田直史（龍谷大学・新規）、岡本三彦（東海大学・事務局長）、

垣見隆禎（福島大学）、川瀬憲子（静岡大学・国際交流委員長）、小原隆治（早稲田大学）、
榊原秀訓（南山大学・企画委員長）、佐藤　学（沖縄国際大学）、白藤博行（専修大学）、
玉野和志（首都大学東京）、外山公美（立教大学・新規）、野呂　充（大阪大学・新規）、
人見　剛（早稲田大学）、廣瀬克哉（法政大学）、廣田全男（横浜市立大学）、
星野　泉（明治大学）、前田雅子（関西学院大学）、三野　靖（香川大学・年報編集委員長）、
武藤博己（法政大学）、村上祐介（東京大学・新規）、森　裕之（立命館大学・新規）、
山崎圭一（横浜国立大学）、山下竜一（北海道大学・新規）

〈会計監査〉二名
今里佳奈子（龍谷大学）、福島康仁（日本大学・新規）

〈顧問〉十一名
佐藤　竺、宮本憲一、吉田善明、中邨　章、今村都南雄、加茂利男、横田　茂、
辻山幸宣、芝池義一（新規）、見上崇洋（新規）、晴山一穂（新規）

◇日本地方自治学会　年報「論文」・「ノート」公募要領

日本地方自治学会年報編集委員会
二〇〇六年一一月一一日総会にて承認
二〇一九年七月二〇日理事会にて変更

日本地方自治学会では、学会創立二〇周年を記念して、年報・地方自治叢書第二〇号（二〇〇七年一〇月刊）から、『年報』という発表の場を広く会員に開放することと致しました。

叢書の総頁数の関係で、「論文」「ノート」は最大三本までの掲載に限られますが、このことにより、学際的な本学会の特徴をより明確にし、年報の充実により、多角的な視点による地方自治研究の水準をさらに引き上げていきたいと考えます。

つきましては、以下の要領にて「論文」「ノート」を公募しますので、積極的にご応募ください。

一　応募資格

毎年一一月末日現在での全ての個人会員（一度掲載された方は、その後二年間応募をご遠慮いただくこととします）。

二　テーマ・内容

地方自治をテーマにしていれば、内容は応募者の自由としますが、日本語で書かれた未発表のもの（他の雑誌等に現在投稿中のものは応募できません）とし、「論文」または「ノート」のいずれか一点に限ります。

「論文」は、知見の新しさなどを求める学術論文を対象とし、「ノート」は、研究の中間段階でありながら一定のまとまりを持つものや学術的関心に支えられた行政実務についての論述など、地方自治研究を刺激することが期待されるものを対象とします。

三　原稿枚数

「論文」については、一二四、〇〇〇字（四〇〇字詰原稿用紙六〇枚）以内、「ノート」については、一二、〇〇〇字以上一六、〇〇〇字未満（四〇〇字詰原稿用紙三〇枚以上四〇枚）とします。字数には、表題・図表・注・文献リストを含みます。

四　応募から掲載までの手続

①　意思表示

応募者は、毎年一二月末までに、原稿のプロポーザル（A四、一頁、一、二〇〇字程度）を、「封書」で、表に「日本地方自治学会論文・ノート応募」と明記の上、下記日本地方自治学会年報編集委員会委員長宛にお送りください。

プロポーザルには、何をいかなるアプローチで明らかにしようとするのか、内容のおおよその構成とその素材について説明してください。「論文」と「ノート」のどちらでの掲載を希望しているのかについても明記してください。

プロポーザルと実際の応募原稿の内容が大幅に異なる場合には、原稿を受理致しません。

応募の意思表示をされた方には、プロポーザル受理の通知とともに、応募件数の状況、執筆要領をお送りします。

・プロポーザル送付先　日本地方自治学会年報編集委員会委員長

〒七六〇―八五二三　香川県高松市幸町二番一号　香川大学法学部五〇一号室

三野　靖

② 応募原稿の締め切り期日

翌年の二月中旬必着とします。上記日本地方自治学会年報編集委員会委員長宛に、執筆要領に従った完全原稿とそのコピー一部、計二部を郵送してください。それ以外の方法では受け取りません。

③ 応募者の匿名性確保のための作業

三月下旬に、年報編集委員会が、査読に当って応募者を判らないようにするため、応募「論文」「ノート」の一部について、必要最小限のマスキング（黒塗り）を施すことがあります。応募にあたっては、このマスキングがなされても、論旨を損わないよう、引用・注等に配慮した執筆をお願いします。

④ 審査方法

三月に入ると、年報編集委員会が、応募のあった「論文」「ノート」各一編につき、匿名で、三名のレフェリー（査読者）を委嘱し、およそ、一ヶ月間、審査をし、その審査結果をもとに、掲載の可否を決定します。

三名のレフェリーのうち、二名以上が掲載可と判定した場合は、掲載できるとの原則で運用します。

しかし、年報への掲載可能本数は「論文」「ノート」あわせて、最大三本と見込まれるため、場合によっては、次年度号への掲載となる場合があります。

⑤　審査基準

「論文」については、主題の明晰さ、命題・事実・方法などにおける知見の新しさなどを基準とし、地方自治学会年報に掲載する学術論文としての適切さを審査します。査読結果によって、掲載可となる場合でも、「論文」ではなく、「ノート」として掲載可となることもあります。また、掲載の条件として修正が求められた場合には、再査読が行われます。

「ノート」については、論述が整理されていること、調査研究を刺激する可能性のあることなどを基準とし、提出された時点での完成度について、地方自治学会年報に掲載する「ノート」としての適切さを審査します。

但し、年報への掲載可能本数が「論文」「ノート」あわせて、最大三本であるため、掲載にあたっては「論文」を優先し、「掲載可」とされた「ノート」であっても、年報編集委員会がレフェリーによる相対評価に基づいて優先順位をつけ、順位の低い「ノート」の掲載を次年度号に送る判断をすることがあります。

また、掲載の条件として修正が求められた場合には、再査読が行われます。

⑥　掲載可となった原稿の提出

早ければ五月初旬、再査読が必要になった場合でも、六月初旬には、年報編集委員会から応募者に対して、掲載の可否についての最終の連絡をします。

掲載否の場合は、レフェリーの判断を年報編集委員会にて取りまとめたうえ、応募者に文書にて通知します。

掲載可の場合は、年報編集委員会からの通知を受けて、六月末日までに、日本地方自治学会年報編集委員会委員長宛に、完全原稿一部とその電子情報（ワード）を添付ファイルにて提出してください。

⑦　校正等

年報は、一一月下旬までの刊行を目指しますが、その間に、著者校正を二回程度お願いします。

五　その他

公募論文の年報への掲載に際しては、年報編集委員会による簡単な応募状況などの報告のみを付します。

以　上

編集後記

32号より年報編集委員長を務めることになりました三野靖（香川大学）です。三名の委員（菊地端夫（明治大学）、庄村勇人（名城大学）、其田茂樹（地方自治総合研究所））の先生方ともどもよろしくお願いいたします。32号では、二〇一八年度研究会での当学会元理事長の辻山幸宣先生の記念講演、今村都南雄先生の著書の書評を掲載することになりました。地方自治総合研究所出身の私にとっては、年報編集委員長としての初仕事が両先生にかかわることになり、光栄です。

二〇一八年度研究会の報告から選定した各論文は、自治体の現場での様々な課題を扱ったものであり、32号の題名を「自治の現場と課題」とさせていただきました。現政権になってから、「地方自治」、「地方分権」の言葉は、聞かれなくなりました。むしろ、それらをないがしろにするような政権です。そのようなかにあって、当学会は、自治の現場に向き合って研究や学会活動をしていく必要を感じています。今後とも、会員の皆様のご指導をお願いいたします。

（三野　靖）

自治の現場と課題　〈地方自治叢書32〉

2020年１月10日　初版発行

定価はカバーに表示してあります

編　者　日本地方自治学会
発行者　竹　内　基　雄
発行所　㈱　敬　文　堂

東京都新宿区早稲田鶴巻町538
電話　(03) 3203-6161（代）
FAX　(03) 3204-0161
振替　00130-0-23737
http://www.keibundo.com

印刷／信毎書籍印刷株式会社　製本／有限会社高地製本所

ISBN978-4-7670-0237-8　C 3331

〈日本地方自治学会年報〉既刊本

地方自治叢書〈1〉

転換期の地方自治

本体二四〇〇円

日本地方自治学会の設立に当たり柴田徳衛／地方自治論の課題と展望兼子仁／現代社会と地方自治史研究の成果と課題大石嘉一郎／行政学の立場から寄本勝美／社会学の立場から似田貝香門／転換期のアメリカ政府間関係新藤宗幸／転換期の地方自治戒能通厚／西ドイツにおける地方自治伊東弘文／町づくりにおける住民参加の歴史的経過をたどって片方信也／転換期の意味と主体の問題矢澤修次郎／イギリス地方税改革と地方自治の再編北村裕明／アメリカの市民参加寄本勝美／公共性の現代的展開似田貝香門／「東京の行政と政治」研究ノート佐々木信夫／書評

地方自治叢書〈2〉

日本地方自治の回顧と展望

本体三〇〇〇円

戦後地方自治雑考阿利莫二／私と地方自治杉村敏正／明治地方自治の国際的性格山田公平／都市自治一〇〇年における関一芝村篤樹／昭和期における府県制度改革天川晃／地方自治の継受と公益事業制策について今井清一／日本の地方自治の「独自性」宮本憲一／戦後日本政治分析における多元主義理論と中央地方関係佐藤俊一／八〇年代の不動産資本・土地市場の動向と都市の変貌宮野雄一／岐路にたつ都市社会運動吉原直樹／イタリアの都市自治と住民参加宗田好史／台湾の地方財政川瀬光義／韓国における住民参加制度について鄭相干／タイの地方自治と住民参加橋本卓／書評

地方自治叢書〈3〉

広域行政と府県

本体二六二二円

地方自治と私足立忠夫／「行革」・広域行政と府県都丸泰助／府県と自治体連合の可能性鳴海正泰／農山村地域と広域行政保母武彦／都市計画の立場からみた都道府県と広域行政石田頼房／自治的広域行政機構の条件岩崎美紀子／福祉行政事務の地方移譲の法的問題点芝池義一／イギリス地方税制改革の基本的枠組星野泉／フランスにおける地方債の自由化青木宗明／ニュージーランドにおける政府間関係の動向藤井浩司／都市ボランタリズムとコミュニティ渡戸一郎／書評

地方自治叢書〈4〉

世界都市と地方自治

本体二九一三円

私と地方自治柴田徳衛／世界都市の挑戦K・タブ（横田茂訳）／英国地方税制の改革と地方団体の反発竹下譲／「世界都市・TOKYO」の特質とその構造的矛盾寺西俊一／都市の産業構造からみた世界都市論青木圭介／世界都市の理論化と問題点中邨章／新しい中央地方関係論へ笠京子／補助金と地方自治鶴田廣巳／地方自治と住民参加鵜飼照喜／タイにおける過疎農村地域開発と地方政府の役割M・サングスカル（小池治訳）／人口過疎地域における地方自治体の役割と機能E・パディラ（中村・小池・中邨訳）

地方自治叢書〈5〉

条例と地方自治

本体二七一八円

学会誌第五号の発行にあたって佐藤竺／私と地方自治加藤一明／研究会「条例と地方自治」のまとめ兼子仁／地方自治の展開と条例の諸傾向吉田善明／まちづくりと条例三橋良士明／都市憲章条例への期待富野暉一郎／自治体条例論をめぐる枠組みの再検討五十嵐敬喜／自治体における選択基準の実際江口清三郎／自治体財政における公会計システムについて兼村高文／選挙区割における地方性重視の可能性小林幸夫／真鶴町まちづくり条例論五十嵐敬喜／韓国の民主化と地方自治盧隆熙／日・韓地方自治比較の問題点山田公平／書評

地方自治叢書〈6〉

地域開発と地方自治

本体二七一八円

全国総合開発計画三〇年を検討する**宮本憲一**／自治の思考の転換**河中二講**／「持続する発展」をもとめて**宮本憲一**／リゾート開発と地方自治**今里滋**／地域開発と地方自治**渡名喜庸安**／地域環境時代の地域開発と地方自治**中村剛治郎**／グローバル・リストラと地域開発**佐々木雅幸**／孫文の建国構想における地方自治と台湾の地方行財政**川瀬光義**／三新法体制における参加と統制の制度構造**小原隆治**／住民自治の歴史的展開**玉野和志**／都市再開発とネイバーフッド・リバイタリゼイション**白石克孝**／書評

地方自治叢書〈7〉

都市計画と地方自治

本体二七一八円

第七巻発刊にあたって**宮本憲一**／私と地方自治**横山桂次**／わが国都市計画の新次元への挑戦**三村浩史**／改正都市計画法―行政手続法―開発指導**鈴木庸夫**／都市計画のマスタープランとまちづくりの課題**片方信也**／合衆国の都市改造の経験とその教訓**遠州尋美**／一九九二年都市計画法、建築基準法改正に寄せて**北原鉄也**／都市環境形成の課題**安木典夫**／まちづくりにおける自治会・企業・支所の役割**今川晃**／わが国の都市計画行政と市町村マスタープランの創設**丸山康人**／発展途上国における地方分権化**山崎圭一**／ポスト福祉国家と新都市社会学の展開**西山八重子**／書評

地方自治叢書〈8〉

現代の分権化

本体二七一八円

学会誌第八巻の発刊に当たって**室井力**／私と地方自治**佐藤竺**／現代地方分権論の文脈**加茂利男**／立法学からみた地方分権推進法**五十嵐敬喜**／地方分権と税財政制度改革**遠藤宏一**／地方分権―五つの関心**水口憲人**／討論「社会福祉分野からのコメント」**武田宏**／戦時・占領期における集権体制の変容**市川喜崇**／伊勢湾沿岸域開発と地方自治**鈴木誠**／地方政府再編に関する一考察**牛山久仁彦**／フランス州財政の諸問題**中西一**／外国人居住者と日本の地域社会**田嶋淳子**／都心居住にみる自治体の施策と課題**市川宏雄**／書評

地方自治叢書〈9〉

行政手続法と地方自治

本体二七〇〇円

私と地方自治**吉岡健次**／行政手続法と地方自治**本多滝夫**／行政手続法と地方自治**今村都南雄**／行政手続法と地方自治**塩崎賢明**／報告に対するコメント**見上崇洋**／水資源開発と地方自治**小森治夫**／韓国における工業団地開発と都市財政**鄭徳秀**／書評

地方自治叢書〈10〉

機関委任事務と地方自治

本体二八〇〇円

私と地方自治**宮本憲一**／「機関委任事務」法論と地方自治**白藤博行**／機関委任事務廃止の意味**辻山幸宣**／機関委任事務と財政改革**坂本忠次**／社会セクター台頭の意味と可能性**白石克孝**／地方分権と地方財源**星野泉**／英国労働党政権の新地方自治政策**横田光雄**／書評

地方自治叢書〈11〉

戦後地方自治の歩みと課題

本体二九〇〇円

地方自治と私室井力／地方自治改革の軌跡と課題山田公平／分権的税財源システムの課題伊東弘文／戦後地方自治と革新自治体論鳴海正泰／震災復興と自治体財政高山新／英国の地方財政制度稲沢克祐／サンフランシスコにおけるアフォーダブル住宅五嶋陽子／書評

地方自治叢書〈12〉

介護保険と地方自治

本体二八〇〇円

私と地方自治研究大石嘉一郎／介護保険と市町村の役割池田省三／介護保険と地方財政横山純一／鷹巣町の福祉岩川徹／コミュニティ・ソリューションと市民・ＮＰＯ日詰一幸／都市と農山村の連携におけるＮＰＯの役割松井真理子／福祉改革・地方分権改革の中の生活保護行政木原佳奈子／広域連合制度の特質とその活用方途原田晃樹／書評

地方自治叢書〈13〉

公共事業と地方自治

本体二八〇〇円

地方財政危機と公共事業関野満夫／公共事業と地方自治晴山一穂／公共事業の分権武藤博己／地方分権一括法以後の地方自治辻山幸宣／韓国の地方分権の推進状況と課題崔昌浩／パラダイムの転換竹下譲／書評

地方自治叢書〈14〉

分権改革と自治の空間

本体二九〇〇円

私と地方自治石田頼房／分権改革水口憲人／環境行政における中央・地方の役割分担と協力寄本勝美／地方分権改革と広域行政岩崎美紀子／地域社会の側から見た地方分権と広域行政富野暉一郎／高齢者保健福祉政策と市町村の公的責任水谷利亮／自治体財政とキャッシュ・フロー会計兼村高文／基地問題と沖縄の自治島袋純／韓国地方自治制度の歴史と現行制度に関する一考察李憲模／英国における「地方自治の現代化」森邊成一／書評

地方自治叢書〈15〉

どこまできたか地方自治改革

本体二八〇〇円

新世紀における三重のくにづくり北川正恭／地方分権改革と地方税制星野泉／分権時代の法環境久保茂樹／分権化の行政改革向井正治／議員提出条例から見た県議会改革小林清人／韓国における地方議会の現状と活性化策呉在一・朴恵子／英国の自治体経営改革の動向稲沢克祐／現代デモクラシーのなかの住民投票上田道明／書評

地方自治叢書〈16〉

自治制度の再編戦略

本体二八〇〇円

地方自治と私**兼子仁**／自治史のなかの平成合併**山田公平**／自治体再編と新たな自治制度**島田恵司**／基礎的自治体と広域的自治体再論**人見剛**／都市・農村共生型財政システムをめざして**重森曉**／「西尾私案」と地方自治**白藤博行**／市町村合併に伴う選挙区制度設置と自治体内自治組織論**今井照**／市町村合併の検討過程と住民自治**小林慶太郎**／地方公共事業とＰＦＩ**森裕之**／書評

地方自治叢書〈17〉

分権型社会の政治と自治

本体二八〇〇円

二元的代表制の再検討**駒林良則**／自治を担う議員の役割とその選出方法**江藤俊昭**／自治体の財政的自立と税源移譲**兼村高文**／「地域自治組織」と自治体の政治**今井照**／イングランドにおける広域自治体の再編**馬場健**／ＮＰＯと資金問題**松井真理子**／地方政治のニューウェイブ**今里佳奈子**／韓国の住民投票制度について**姜再鎬**／書評

地方自治叢書〈18〉

道州制と地方自治

本体二八〇〇円

地方自治と私**山田公平**／《対談》都道府県自治をめぐって**増田寛也・今村都南雄**／道州制と北海道開発予算の現状・課題**横山純一**／道州制の考え方**稲葉馨**／道州制・都道府県論の系譜**市川喜崇**／「地域自治区」の法的位相**妹尾克敏**／自治の本質と価値**黒木誉之**／書評

地方自治叢書〈19〉

自治体二層制と地方自治

本体二八〇〇円

地方自治制度改革のゆくえ**加茂利男**／風土の上にある自治**松本克夫**／新時代の基礎自治体**岩崎美紀子**／個別行政サービス改革としての三位一体改革**金井利之**／地方分権改革の検証**垣見隆禎**／都市計画関係法令と条例制定権**大田直史**／ブラジル参加型予算の意義と限界**山崎圭一**／カナダの州オンブズマン制度と地方自治体の関係**外山公美**／書評

地方自治叢書〈20〉

合意形成と地方自治

本体二八〇〇円

地方自治体の国政参加権再論**人見剛**／基地維持財政政策の変貌**川瀬光義**／スイスの住民参加と合意形成—住民投票の可能性と限界**岡本三彦**／住民投票の歴史的展開**鹿谷雄一**／コミュニティ政策の課題**玉野和志**／地域コミュニティの現在**家中茂**／書評

地方自治叢書〈21〉
格差是正と地方自治
本体二八〇〇円

自治体の格差と個性に関する一考察**山口道昭**／二〇〇〇年代「教育改革」と教育を受ける権利**竹内俊子**／「地域格差」と自治体の再生**岡田知弘**／福島県商業まちづくり推進条例と「まちづくり三法」**鈴木浩**／指導要綱の条例化と住民の意向の反映**内海麻利**／ドイツの市民参加の方法「プラーヌンクスツェレ」と日本での展開**篠藤明徳**／地方財政調整交付金制度創設に関する論議**中村稔彦**／書評

地方自治叢書〈22〉
変革の中の地方自治
本体二八〇〇円

地方自治と私**加茂利男**／道路論争**五十嵐敬喜**／自治体議会改革を考える**小林武**／国と普通地方公共団体との間の行政訴訟**寺洋平**／自治基本条例における住民自治の必要性**相澤直子**／アメリカの交通まちづくりと持続可能な都市交通経営**川勝健志**／市民によるマニフェスト評価**長野基**／書評

地方自治叢書〈23〉
第一次分権改革後一〇年の検証
本体二八〇〇円

地方分権の法改革**白藤博行**／自治体の再編と地域自治**今川晃**／三位一体改革の帰結と財源保障制度の将来像**武田公子**／農山漁村地域における自治体財政の実態と課題**来田但馬**／韓国における分権化政策の評価と課題**呉在一**／書評

地方自治叢書〈24〉
「地域主権改革」と地方自治
本体二八〇〇円

あらためて問われる「地域主権」改革**今村都南雄**／「地域主権改革」と住民自治**人見剛**／創造都市と都市文化景観**佐々木雅幸**／イギリスにおける自治体外部監査の制度的特徴**長内祐樹**／分権改革と政府間関係**立岩信明**／イングランドにおけるリージョナリズムの変化**石見豊**／書評

地方自治叢書〈25〉
「新しい公共」とローカル・ガバナンス
本体二八〇〇円

新しい公共における政府・自治体とサード・セクターのパートナーシップ**原田晃樹**／イギリスのパートナーシップ型地域再生政策の評価―第三の道とビッグソサイエティ**金川幸司**／ローカル・ガバナンスにおける地方自治体の議会改革**新川達郎**／議会改革・議会内閣制・ボランティア議会と住民の役割**榊原秀訓**／東日本大震災復興の理念と現実**塩崎賢明**／「国保被排除層」の生活保護問題**藤井えりの**／書評

地方自治叢書〈26〉
参加・分権とガバナンス
本体三〇〇〇円

地方自治と私**中邨章**／住民参加から住民間協議へ**島田恵司**／都市内分権とコミュニティ**横田茂**／自治体改革と都市内分権・市民参加**槌田洋**／高齢者介護と地方自治体の課題**横山純一**／貧困・地域再生とローカル・ガバナンス**山本隆**／復興過程における住民自治のあり方をめぐって**吉野英岐**／沖縄県における跡地利用推進特措法の意義と課題**林公則**／書評

地方自治叢書〈27〉
基礎自治体と地方自治
本体二八〇〇円

基礎自治体における財源減少時期の予算制度改革**稲沢克祐**／基礎自治体の変容**江藤俊昭**／東日本大震災における木造応急仮設住宅供給の政策過程**西田奈保子**／アメリカのコミュニティ開発法人**宗野隆俊**／イギリスの「大きな社会」下におけるサード・セクター組織の多岐的対応**清水洋行**／基礎自治体における市民参加型「公開事業点検・評価」活動の研究**長野基・牧瀬稔・廣瀬克哉**／書評

地方自治叢書〈28〉
自治体行財政への参加と統制
本体二八〇〇円

協働と地方自治**荒木昭次郎**／住民監査請求の課題と到達点**小澤久仁男**／債権放棄議決と住民訴訟制度改革論**大田直史**／三号請求訴訟の新たな可能性**杉原丈史**／日本におけるコミュニティ予算制度の考察**鈴木潔**／ドイツにおける市民予算の特性**宇野二朗**／書評

地方自治叢書〈29〉
地方創生と自治体
本体二八〇〇円

「地方創生」と農村**坂本誠**／地方創生と自治体間連携**本多滝夫**／地方公務員の権利・義務の変容**山下竜一**／高齢者の生活保障施策の動向と行財政田中きよむ／書評

地方自治叢書〈30〉
憲法の中の自治、自治の中の憲法
本体二八〇〇円

私と地方自治（記念講演）**今村都南雄**／辺野古新基地建設をめぐる法的争訟**徳田博人**／沖縄をめぐる政治**佐藤学**／公共施設の利用制限をめぐる法的問題**首藤重幸**／一八歳選挙権と主権者教育**小玉重夫**／自治体行政と人権保障**東川浩二**／書評

地方自治叢書〈31〉

地方自治研究の三〇年

本体三〇〇〇円

地方自治研究史私論宮本憲一／日本国憲法七〇年のもとでの自治と分権白藤博行／自治体学会と自治実践研究・分権改革金井利之／自治体周辺法人の法的考察板垣勝彦／官と民が担う合法ギャンブルの変遷萩野寛雄／教育政策における議会の役割坂野喜隆／「住民本位の予算書」のわかりやすさの規定要因の探索佐藤徹／書評

（＊価格は税別です）